"双高计划"文件资料选编

主编 周建松　陈正江

浙江工商大学出版社
ZHEJIANG GONGSHANG UNIVERSITY PRESS
·杭州·

图书在版编目(CIP)数据

"双高计划"文件资料选编 / 周建松,陈正江主编.
—杭州:浙江工商大学出版社,2019.7(2023.2重印)
ISBN 978-7-5178-3337-6

Ⅰ.①双… Ⅱ.①周… ②陈… Ⅲ.①高等职业教育
—发展—文件—汇编—中国 Ⅳ.①G718.5

中国版本图书馆 CIP 数据核字(2019)第 142873 号

"双高计划"文件资料选编
"SHUANGGAO JIHUA" WENJIAN ZILIAO XUANBIAN

主编 周建松 陈正江

责任编辑	王黎明
责任校对	夏湘娣
封面设计	林朦朦
责任印制	包建辉
出版发行	浙江工商大学出版社
	(杭州市教工路 198 号 邮政编码 310012)
	(E-mail:zjgsupress@163.com)
	(网址:http://www.zjgsupress.com)
	电话:0571-88904980,88831806(传真)
排 版	杭州朝曦图文设计有限公司
印 刷	杭州钱江彩色印务有限公司
开 本	710mm×1000mm 1/16
印 张	18.25
字 数	232 千
版 印 次	2019 年 7 月第 1 版 2023 年 2 月第 3 次印刷
书 号	ISBN 978-7-5178-3337-6
定 价	48.00 元

建设"双一流"，高职应实现高水平（代序）

周建松

随着"双一流"建设进入全面施工期，地方本科高校向应用型转变持续深化，具有高等教育和职业教育双重属性的高等职业院校的发展和建设问题也进一步受到人们的关注。特别是《高等职业教育创新发展行动计划（2015—2018年）》实施进入关键阶段，面对中国特色社会主义进入新时代的新要求，如何着眼内涵发展，基于类型特色打造高水平高职院校被摆上了重要议事日程。"中国特色高水平高职院校和高水平专业建设计划"依据教育部2018年工作要点即将启动，新一轮高职教育改革发展蓄势待发。如何借力"双一流"，促进高职教育高水平发展，值得深入讨论、积极探索。

"国家示范计划"表明：中央财政的杠杆效应巨大

高等职业教育作为我国高等教育的重要组成部分和类型，经历了曲折和不平凡的发展历程，能够形成今天这样的社会共识和发展局面，应该说，从2006年开始实施的国家示范性高等职业院校建设计划具有十分重要的带动和促进作用。

2006年，为贯彻《国务院关于大力发展职业教育的决定》，教育部、财政部创造性地启动了国家示范性高职院校建设计划，围绕提升办学综合水平，提高专业建设水平和社会服务水平等，先后遴选了100所院校进行重点支持和示范建设。据统计，中央财政累计投入专项资金45.5亿元，拉动地方财政投入89.7亿元，行业企业投入28.3亿元，有力促进了高等职业教育社会地位的提升、办学条件的改善和人才培养质量的提高,尤其是类型特色的打造,对我国高等职业教育的发展起了直接的拉动效应。中央财政直接投入高职教育20多亿元,其作用效果十分明显,尤其是重点专业建设,有力地提升了高职院校办学基础能力,成效十分显著。同时带动了地方和行业的投入,根据中央财政引导,地方投入为主,行业企业支持的要求,地方的主体责任得到落实,行业企业的积极性得到调动,杠杆效应巨大。国家骨干带动了省示范、部示范建设计划,促进了高职教育整体水平的提高。更重要的是唤起了各级党委和政府、行业和企业对高等职业教育重要性的认识,提升了地方政府发展高职教育的热情,营造了高等职业教育发展的良好环境。

重特色、上水平:具有全局影响的战略抉择

党的十八大以来,党中央、国务院特别重视教育事业尤其是职业教育和高等教育的发展。2014年,习近平总书记对加快职业教育发展做出重要批示,国务院召开全国职业教育工作会议并发布《关于加快发展现代职业教育的决定》。参照"双一流"建设方案,高职教育高水平建设计划也可采用高水平学校和高水平专业两种类型的建设模式,这是一个影响全局的战略抉择。

第一,有利于确立高等职业教育在我国教育中的总体地位。2015年,我国高等教育领域推出了三大重要举措:一是以国发〔2015〕64号文件推出的《统筹推进世界一流大学和一流学科建设总体方案》,即"双一流"建设;二是以教发〔2015〕7号文件推出的由教育部、国家发改委、财政部联合发起的《关于引导部分地方普通本科高校向应用型转变的指导意见》,即"普通本科转型";三是以教职成〔2015〕9号文件推出的由教育部实施的《高等职业教育创新发展行动计划(2015—2018年)》,即"高职教育创新发展"。

正因为这样,笔者认为,不失时机地推出"中国特色高水平高职院

校和高水平专业建设计划",有利于确立高等职业教育在我国经济社会发展战略中的地位。

第二,有利于巩固高等职业教育类型特征和办学格局。当前,高等职业教育发展情况总体良好,但社会上存在着"本科院校谈职色变,高职院校求本心切"的文化现象。因此实施"中国特色高水平高职院校和高水平专业建设计划",培育和建设一批高水平学校和高水平专业,有利于巩固高等职业教育类型特征,给高职院校以鼓励和激励。

第三,有利于发挥高水平学校引领高等职业教育发展的作用。建设一批高水平高职院校和高水平高职专业,不仅确立了高职教育的地位,稳定高职战线的"军心",而且这些高水平学校和高水平专业能发挥出典型和榜样的作用,有利于引领1300多所高职院校的发展,从而在现代职业教育体系建设中发挥龙头作用,引领和带动我国中等职业教育发展,同时,对优化我国高等教育结构也有重大意义。

第四,有利于进一步发挥中央财政的杠杆和拉动效应。从历史发展看,为推动我国高职教育创新发展,国家在"十一五"和"十二五"时期分别实施了示范校建设、骨干校建设计划,既撬动了地方的支持,也带动了院校的发展,成效十分明显,因此,这样的项目在"十三五"时期得以延续和提升,是对落实全面建成小康社会和加快发展现代职业教育的积极回应,而"中国特色高水平高职院校和高水平专业建设计划"应该是高职教育创新发展的应有之义。

高水平高职院校建设必须有中国自信

中国特色高水平高职院校建设首先必须正确认识时代大势,提高政治站位,充分体现中国特色,确立文化自信,具体来说:

首先,必须坚持中国共产党的领导。中国共产党的领导是中国特色社会主义的基本特征,也是重要前提,在中国共产党领导下办学,这是办好高等职业教育的基本政治立场。为此,要加强党对高水平高职院校办学治校和建设工作的全面领导,坚持和完善党委领导下的院(校)长负责制,把党对学校工作的全面领导落到实处;要加强党的建设,完善校院及基层各级体系化党建工作,切实把党的政治建设放在首位,强化基层党组织政治功能,推进党建引领育人,成就事业发展,全面激发党建工作正能量;要积极推进全面从严治党,切实抓好学校党风廉政建设,建设清廉教育,营造风清气正的教书育人环境。

其次,突出把握扎根中国大地办学。建设高水平高等职业院校,必须把握中国国情,适应新时代要求,从中国经济社会和产业发展要求出发,尊重中华民族优良传统,弘扬中华优秀文化,尤其是在教学内容、考核标准、评价机制等方面,都必须把中国国情、中国文化、中国特色放在重要位置,以此为基本要求。在此基础上,做到因地制宜,特色发展,着力在"四个服务"上下功夫、出成效。

最后,着力培养中国特色社会主义建设者和接班人。衡量一个学校办学水平高低的重要标志是人才培养质量,而衡量人才培养质量的基本前提是要培养出中国特色社会主义的合格建设者和可靠接班人,为此,必须坚持立德树人,实施素质教育,构建素质教育和文化育人体系。高等职业教育是高等教育大众化的产物,其培养的不一定是高层次科研创新人才,但必须是德才兼备的高素质技术技能人才,是建设中国特色社会主义进程中具有正能量的基础性人才。

(周建松,浙江金融职业学院党委书记,中国高等教育学会职业技术教育分会会长)

(来源:《光明日报》2018-03-22)

目　录

Contents ───────────────

第 一 编

政策与文本

1. 教育部 财政部关于实施中国特色高水平高职学校和专业建设计划的意见

教职成〔2019〕5 号

各省、自治区、直辖市教育厅（教委）、财政厅（局），新疆生产建设兵团教育局、财政局：

为深入贯彻落实全国教育大会精神，落实《国家职业教育改革实施方案》，集中力量建设一批引领改革、支撑发展、中国特色、世界水平的高职学校和专业群，带动职业教育持续深化改革，强化内涵建设，实现高质量发展，现就实施中国特色高水平高职学校和专业建设计划（以下简称"双高计划"）提出如下意见。

一、总体要求

（一）指导思想

以习近平新时代中国特色社会主义思想为指导，牢固树立新发展理念，服务建设现代化经济体系和更高质量更充分就业需要，扎根中国、放眼世界、面向未来，强力推进产教融合、校企合作，聚焦高端产业和产业高端，重点支持一批优质高职学校和专业群率先发展，引领职业教育服务国家战略、融入区域发展、促进产业升级，为建设教育强国、人才强国做出重要贡献。

（二）基本原则

——坚持中国特色。扎根中国大地，全面贯彻党的教育方针，坚定社会主义办学方向，完善职业教育和培训体系，健全德技并修、工学结合的育人机制，服务新时代经济高质量发展，为中国产业走向全球产业中高端提供高素质技术技能人才支撑。

——坚持产教融合。创新高等职业教育与产业融合发展的运行模式，精准对接区域人才需求，提升高职学校服务产业转型升级的能力，推动高职学校和行业企业形成命运共同体，为加快建设现代产业体系，增强产业核心竞争力提供有力支撑。

——坚持扶优扶强。质量为先、以点带面，兼顾区域和产业布局，支持基础条件优良、改革成效突出、办学特色鲜明的高职学校和专业群率先发展，积累可复制、可借鉴的改革经验和模式，发挥示范引领作用。

——坚持持续推进。按周期、分阶段推进建设，实行动态管理、过程监测、有进有出、优胜劣汰，完善持续支持高水平高职学校和专业群建设的机制,实现高质量发展。

　　——坚持省级统筹。发挥地方支持职业教育改革发展的积极性和主动性,加大资金和政策保障力度。中央财政以奖补的形式通过相关转移支付给予引导支持。多渠道扩大资源供给,构建政府行业企业学校协同推进职业教育发展新机制。

(三)总体目标

围绕办好新时代职业教育的新要求,集中力量建设 50 所左右高水平高职学校和 150 个左右高水平专业群,打造技术技能人才培养高地和技术技能创新服务平台,支撑国家重点产业、区域支柱产业发展,引领新时代职业教育实现高质量发展。

到 2022 年,列入计划的高职学校和专业群办学水平、服务能力、国际影响显著提升,为职业教育改革发展和培养数以千万计的高素质技术技能人才发挥示范引领作用,使职业教育成为支撑国家战略和地方经济社会发展的重要力量。形成一批有效支撑职业教育高质量发展的政策、制度、标准。

到 2035 年,一批高职学校和专业群达到国际先进水平,引领职业教育实现现代化,为促进经济社会发展和提高国家竞争力提供优质人才资源支撑。职业教育高质量发展的政策、制度、标准体系更加成熟完善,形成中国特色职业教育发展模式。

二、改革发展任务

(四)加强党的建设

深入推进习近平新时代中国特色社会主义思想进教材进课堂进头脑,大力开展理想信念教育和社会主义核心价值观教育,构建全员全过程全方位育人的思想政治工作格局,实现职业技能和职业精神培养高度融合。落实党委领导下的校长负责制,充分发挥党组织在学校的领导核心和政治核心作用,牢牢把握意识形态主动权,引导广大师生树牢"四个意识"、坚定"四个自信"、坚决做到"两个维护"。加强基层党组织建设,将党的建设与学校事业发展同部署、同落实、同考评,有效发挥基层党组织战斗堡垒作用和共产党员先锋模范作用,带动学校工会、共青团等群团组织和学生会组织建设,为学校改革发展提供坚强组织保证。

(五)打造技术技能人才培养高地

落实立德树人根本任务,将社会主义核心价值观教育贯穿技术技能人才培养全过程。坚持工学结合、知行合一,加强学生认知能力、合作能力、创新能力和职业能力培养。加强劳动教育,以劳树德、以劳增智、以劳强体、以劳育美。培育和传承工匠精神,引导学生养成严谨专注、敬业专业、精益求精和追求卓越的品质。深化复合型技术技能人才培养培训模式改革,率先开展"学历证书＋若干职业技能等级证书"制度试点。在全面提高质量的基础上,着力培养一批产业急需、技艺高超的高素质技术技能人才。

(六)打造技术技能创新服务平台

对接科技发展趋势,以技术技能积累为纽带,建设集人才培养、团队建设、技术服务于一体,资源共享、机制灵活、产出高效的人才培养与技术创新平台,促进创新成果与核心技术产业化,重点服务企业特别是中小微企业的技术研发和产品升级。加强与地方政府、产业园区、行业深度合作,建设兼具科技攻关、智库咨询、英才培养、创新创业功能、体现学校特色的产教融合平台,服务区域发展和产业转型升级。进一步提高专业群集聚度和配套供给服务能力,与行业领先企业深度合作,建设兼具产品研发、工艺开发、技术推广、大师培育功能的技术技能平台,服务重点行业和支柱产业发展。

(七)打造高水平专业群

面向区域或行业重点产业,依托优势特色专业,健全对接产业、动态调整、自我完善的专业群建设发展机制,促进专业资源整合和结构优化,发挥专业群的集聚效应和服务功能,实现人才培养供给侧和产业需求侧结构要素全方位融合。校企共同研制科学规范、国际可借鉴的人才培养方案和课程标准,将新技术、新工艺、新规范等产业先进元素纳入教学标准和教学内容,建设开放共享的专业群课程教学资源和实践教学基地。组建高水平、结构化教师教学创新团队,探索教师分工协作的模块化教学模式,深化教材与教法改革,推动课堂革命。建立健全多方协同的专业群可持续发展保障机制。

(八)打造高水平双师队伍

以"四有"标准打造数量充足、专兼结合、结构合理的高水平双师队伍。培育引进一批行业有权威、国际有影响的专业群建设带头人,着力培养一批能够改进企业产品工艺、解决生产技术难题的骨干教师,合力培育一批具有绝技绝艺的技术技能大师。聘请行业企业领军人才、大师名匠兼职任教。建立健全教师职前培养、入职培训和在职研修体系。建设教师发展中心,提升教师教学和科研能力,促进教师职业发展。创新教师评价机制,建立以业绩贡献和能力水平为导向、以目标管理和目标考核为重点的绩效工资动态调整机制,实现多劳多得、优绩优酬。

(九)提升校企合作水平

与行业领先企业在人才培养、技术创新、社会服务、就业创业、文化传承等方面深度合作,形成校企命运共同体。把握全球产业发展、国内产业升级的新机遇,主动参与供需对接和流程再造,推动专业建设与产业发展相适应,实质推进协同育人。施行校企联合培养、双主体育人的中国特色现代学徒制。推行面向企业真实生产环境的任务式培养模式。牵头组建职业教育集团,推进实体化运作,实现资源共建共享。吸引企业联合建设产业学院和企业工作室、实验室、创新基地、实践基地。

(十)提升服务发展水平

培养适应高端产业和产业高端需要的高素质技术技能人才,服务中国产业走向全球产业中高端。以应用技术解决生产生活中的实际问题,切实提高生产效率、产品质量和服务品质。加强新产品开发和技术成果的推广转化,推动中小企业的技术研发和产品升级,促进民族传统工艺、民间技艺传承创新。面向脱贫攻坚主战场,积极吸引贫困地区学生到"双高计划"学校就学。服务乡村振兴战略,广泛开展面向农业农村的职业教育和培训。面向区域经济社会发展急需紧缺领域,大力开展高技能人才培训。积极主动开展职工继续教育,拓展社区教育和终身学习服务。

(十一)提升学校治理水平

健全内部治理体系,完善以章程为核心的现代职业学校制度体系,形成学校自主管理、自我约束的体制机制,推进治理能力现代化。健全学校、行业、企业、社区等共同参与的学校理事会或董事会,发挥咨询、协商、议事和监督作用。设立校级学术委员会,统筹行使学术事务的决策、审议、评定和咨询等职权。设立校级专业建设委员会和教材选用委员会,指导和促进专业建设和教学改革。发挥教职工代表大会作用,审议学校重大问题。优化内部治理结构,扩大二级院系管理自主权,发展跨专业教学组织。

(十二)提升信息化水平

加快智慧校园建设,促进信息技术和智能技术深度融入教育教学和管理服务全过程,改进教学,优化管理,提升绩效。消除信息孤岛,保证信息安全,综合运用大数据、人工智能等手段推进学校管理方式变革,提升管理效能和水平。以"信息技术+"升级传统专业,及时发展数字经济催生的新兴专业。适应"互联网+职业教育"需求,推进数字资源、优秀师资、教育数据共建共享,助力教育服务供给模式升级。提升师生信息素养,建设智慧课堂和虚拟工厂,广泛应用线上线下混合教学,促进自主、泛在、个性化学习。

(十三)提升国际化水平

加强与职业教育发达国家的交流合作,引进优质职业教育资源,参与制定职业教育国际标准。开发国际通用的专业标准和课程体系,推出一批具有国际影响的高质量专业标准、课程标准、教学资源,打造中国职业教育国际品牌。积极参与"一带一路"建设和国际产能合作,培养国际化技术技能人才,促进中外人文交流。探索援助发展中国家职业教育的渠道和模式。开展国际职业教育服务,承接"走出去"中资企业海外员工教育培训,建设一批鲁班工坊,推动技术技能人才本土化。

三、组织实施

(十四)建立协同推进机制

国家有关部门负责宏观布局、统筹协调、经费管理等顶层设计,围绕经济社会发展和国家战略需要,适时调整建设重点,成立项目建设咨询专家委员会,为重大政策、总体方案、审核立项、监督评价等提供咨询和支撑。各地要加强政策支持和经费保障,动员各方力量支持项目建设,对接区域经济社会发展需求,构建以"双高计划"学校为引领、区域内高职学校协调发展的格局。"双高计划"学校要深化改革创新,聚焦建设任务,科学编制建设方案和任务书,健全责任机制,扎实推进建设,确保工作成效。

(十五)加强项目实施管理

"双高计划"每五年一个支持周期,2019年启动第一轮建设。制定项目遴选管理办法,明确遴选条件和程序,公开申请、公平竞争、公正认定。项目遴选坚持质量为先、改革导向,以学校、专业的客观发展水平为基础,对职业教育发展环境好、重点工作推进有力、改革成效明显的省(区、市)予以倾斜支持。制定项目绩效评价办法,建立信息采集与绩效管理系统,实行年度评价项目建设绩效,中期调整项目经费支持额度;依据周期绩效评价结果,调整项目建设单位。发挥第三方评价作用,定期跟踪评价。建立信息公开公示网络平台,接受社会监督。

(十六)健全多元投入机制

各地新增教育经费向职业教育倾斜,在完善高职生均拨款制度、逐步提高生均拨款水平的基础上,对"双高计划"学校给予重点支持,中央财政通过现代职业教育质量提升计划专项资金对"双高计划"给予奖补支持,发挥引导作用。有关部门和行业企业以共建、共培等方式积极参与项目建设。项目学校以服务求发展,积极筹集社会资源,增强自我造血功能。

(十七)优化改革发展环境

各地要结合区域功能、产业特点探索差别化的职业教育发展路径,建立健全产教对接机制,促进人才培养与产业需求有机衔接。加大"双高计划"学校的支持力度,在领导班子、核定教师编制、高级教师岗位比例、绩效工资总量等方面按规定给予政策倾斜。深入推进"放管服"改革,在专业设置、内设机构及岗位设置、进人用人、经费使用管理上进一步扩大学校办学自主权。建立健全改革创新容错纠错机制,鼓励"双高计划"学校大胆试、大胆闯,激发和保护干部队伍敢于担当、干事创业的积极性、主动性、创造性。

教育部 财政部
2019 年 3 月 29 日

2. 教育部 财政部关于印发《中国特色高水平高职学校和专业建设计划项目遴选管理办法(试行)》的通知

教职成〔2019〕8 号

各省、自治区、直辖市教育厅(教委)、财政厅(局),新疆生产建设兵团教育局、财政局:

根据《教育部 财政部关于实施中国特色高水平高职学校和专业建设计划的意见》(教职成〔2019〕5 号),教育部、财政部研究制定了《中国特色高水平高职学校和专业建设计划项目遴选管理办法(试行)》,现印发你们,请遵照执行。

教育部 财政部
2019 年 4 月 16 日

中国特色高水平高职学校和专业建设计划项目遴选管理办法(试行)

第一章 总 则

第一条 为加强中国特色高水平高职学校和专业建设计划(简称"双高计划")项目管理,保证"双高计划"顺利实施,根据《教育部 财政部关于实施中国特色高水平高职学校和专业建设计划的意见》(教职成〔2019〕5号),制定本办法。

第二条 教育部、财政部(简称两部)联合组织管理,地方(包括项目学校举办方,下同)统筹推进项目建设,学校具体实施。

第三条 项目资金包括中央财政资金、地方财政资金和学校自筹资金。

第四条 "双高计划"每五年一个支持周期,2019年启动第一轮建设。实行总量控制、动态管理、年度评价、期满考核,有进有出、优胜劣汰。重点支持建设50所左右高水平高职学校和150个左右高水平专业群。

第二章 职责分工

第五条 两部负责总体规划、协调推进等重大事项的决策,主要职责包括:

(一)项目设计、审核立项、过程监管、绩效管理;

(二)规划阶段重点任务,统筹安排中央财政资金;

(三)组建项目建设咨询专家委员会(简称"专委会");

(四)审定项目遴选和考核标准;

（五）指导省级教育和财政部门管理区域绩效；

（六）委托第三方评价项目绩效。

教育部职业教育与成人教育司承担"双高计划"日常工作。

第六条　专委会由有关行业主管部门、学校、科研机构、行业企业专家组成，受两部委托主要承担以下工作：

（一）研制"双高计划"建设单位遴选标准和考核标准；

（二）评审建设方案和任务书；

（三）为项目建设提供咨询服务。

第七条　省级教育和财政部门主要履行以下职责：

（一）根据遴选条件，开展项目预审和推荐工作；

（二）指导监督本区域项目建设，协调解决有关问题；

（三）落实项目学校的相关支持政策和建设资金，并对项目实施监管。

第八条　项目学校举办方主要履行以下职责：

（一）发挥办学主体作用，在政策、资金、资源等方面提供支持，营造良好的项目建设环境；

（二）指导项目建设工作，协调解决有关问题。

第九条　项目学校主要履行以下职责：

（一）编制报送项目建设方案和任务书；

（二）按照批复的建设方案和任务书开展项目建设；

（三）确保项目资金使用规范、安全、高效；

（四）完成项目绩效目标，按要求报送项目建设报告，并接受监控、审计和评价。

第三章　项目遴选

第十条　"双高计划"遴选坚持质量为先、改革导向、扶优扶强，面向独立设置的专科高职学校（包括社会力量举办的专科高职学校），分高水平学校和高水平专业群两类布局。在高职学校年生均财政拨款水平达到国家统一要求且逐年增长的前提下,对职业教育发展环境好、重点工作推进有力、改革成效明显、"双高计划"政策资金保障力度大的省份予以倾斜支持。

第十一条 学校须具备以下基本条件:

(一)学校办学条件高于专科高职学校设置标准,数字校园基础设施高于《职业院校数字校园建设规范》标准。

(二)学校人才培养和治理水平高,在产教融合、校企合作方面成效显著,对区域发展贡献度高,已取得以下工作成效:被确定为《高等职业教育创新发展行动计划(2015—2018年)》省级及以上优质高职学校建设单位;已制定学校章程并经省级备案,设有理事会或董事会机构,成立校级学术委员会,内部质量保证体系健全,财务管理规范,内部控制制度健全;牵头组建实体化运行的职业教育集团,合作企业对学校支持投入力度大;成立应用技术协同创新中心、技能大师工作室;非学历培训人日数不低于全日制在校生数;近三年招生计划完成率不低于90%,毕业生半年后就业率不低于95%;配合"走出去"企业开展员工教育培训、有教育部备案的中外合作办学项目或招收学历教育留学生。

(三)学校坚持职业教育办学定位和方向,干事创业的积极性、主动性、创造性高,教育教学改革、校企合作和专业建设基础好,人才培养质量和师资队伍水平高,学生就业水平高,社会支持度高。

(四)学校在以下9项标志性成果中有不少于5项:

1.近两届获得过国家级教学成果奖励(第一完成单位);

2.主持国家级职业教育专业教学资源库立项项目且应用效果好;

3.承担国家级教育教学改革试点且成效明显(仅包括现代学徒制试点、"三全育人"综合改革试点、教学工作诊断与改进工作试点、定向培养士官试点);

4.有国家级重点专业(仅包括国家示范、骨干高职学校支持的重点专业）；

5.近五年学校就业工作被评为全国就业创业典型（仅包括全国毕业生就业典型经验高校、创新创业典型经验高校、创新创业教育改革示范高校）；

6.近五年学生在国家级及以上竞赛中获得过奖励（仅包括世界技能大赛、全国职业院校技能大赛、中国"互联网＋"大学生创新创业大赛、"挑战杯"全国大学生课外学术科技作品竞赛和中国大学生创业计划竞赛）；

7.教师获得过国家级奖励（仅包括"万人计划"教学名师、全国高校黄大年式团队、全国职业院校教学能力比赛获奖）；

8.建立校级竞赛制度，近五年承办过全国职业院校技能大赛；

9.建立校级质量年报制度，近五年连续发布《高等职业院校质量年度报告》且未有负面行为被通报。

在满足以上条件的基础上，学校近五年在招生、财务、实习、学生管理等方面未出现过重大违纪违规行为。学校未列入本省升本规划。

第十二条　专业群须具备以下基本条件：

（一）专业群定位准确，对接国家和区域主导产业、支柱产业和战略性新兴产业重点领域。专业群组建逻辑清晰，群内专业教学资源共享度、就业相关度较高，形成优势互补、协同发展的建设机制。专业特色鲜明，行业优势明显，有较强社会影响力。

（二）专业群有高水平专业带头人和教学创新团队，校外兼职教师素质优良。实践教学基地设施先进、管理规范，基地建设与实践教学项目设计相适应、相配套。校企共同设计科学规范的专业群课程体系，反映行业领域的新技术、新工艺、新规范，信息技术深度融入教育教学，线上线下课程资源丰富。

（三）专业群生源质量好，保持一定办学规模。建立毕业生就业跟踪调查机制，学生就业对口率、用人单位满意度、学生就业满意度高。与行业企业深入合作开展科技研发应用，科研项目、专利数量多。

第十三条 项目遴选包括学校申报、省级推荐、遴选确定等3个环节。

（一）学校申报。满足第十条、十一条、十二条的学校自愿申报，按要求向省级教育部门提交申报材料（包括申报书、学校总体建设方案、不超过2个专业群的建设方案、真实性声明、承诺书等）。

（二）省级推荐。省级教育部门会同财政部门依据基本条件择优遴选，学校申报材料及遴选结果公示无异议后，出具推荐函（包括推荐院校顺序名单、真实性声明等），与推荐学校申报材料一并报两部。

（三）遴选确定。两部委托专委会依次开展高水平学校、高水平专业群项目遴选。专委会根据高水平学校和专业群遴选标准，分别对学校和专业群评价赋分。依据学校和2个专业群赋分综合排序，确定高水平学校推荐单位，推荐结果分为三档，A档10所、B档20所、C档20所左右；依据学校和1个专业群赋分综合排序，考虑产业布局和专业群布点，确定高水平专业群推荐单位，推荐结果分为三档，A档30所、B档60所、C档60所左右。两部对推荐结果进行审核、公示并公布结果。根据年度资金安排，中央财政通过相关转移支付引导支持建设一批，地方和学校自筹资金建设一批。

第四章 项目实施

第十四条 项目学校根据建设任务和预算安排，确定绩效目标，编制项目任务书。省级教育、财政部门核准后报两部审定。

第十五条 项目学校根据审定意见修订完善建设方案和任务书，报两部备案并启动建设。

第十六条 项目学校按照备案的建设方案和任务书实施建设，原则上不作调整。建设过程中确需调整，须经省级教育、财政部门核准并报两部备案。

第十七条　每个支持周期结束,项目学校按要求提交验收报告,经省级验收后报两部复核。复核结果予以公布,并作为下一周期遴选的重要依据。

第五章　项目管理

第十八条　制定绩效评价办法,全面实施预算绩效管理、落实管理责任、改进管理方式,提高经费使用绩效。

第十九条　绩效评价结果作为调整项目资金支持额度的重要依据。对资金筹措有力、建设成效显著的项目,加大支持力度;对资金筹措不力、实施进展缓慢、建设实效有限的项目,提出警告并酌减资金支持额度。出现重大问题,经整改仍无改善的项目,中止项目建设。中止建设的项目学校不得再次申请"双高计划"项目。

第二十条　有下列行为视其情节轻重给予警告、限期整改、中止项目等处理:

(一)编报虚假预算,套取国家财政资金;

(二)项目执行不力,未开展实质性建设;

(三)擅自调整批复的建设方案和任务书内容;

(四)项目经费使用不符合国家财务制度规定;

(五)其他违反国家法律法规和本办法规定的行为。

第六章　附　　则

第二十一条　本办法自发布之日起施行。各地应根据本办法制订实施细则。

第二十二条　本办法由两部负责解释和修订。

3. 教育部办公厅 财政部办公厅
关于开展中国特色高水平高职学校和
专业建设计划项目申报的通知

教职成厅函〔2019〕9 号

各省、自治区、直辖市教育厅(教委)、财政厅(局),新疆生产建设兵团教育局、财政局:

为贯彻落实《国家职业教育改革实施方案》,根据《教育部 财政部关于实施中国特色高水平高职学校和专业建设计划的意见》(教职成〔2019〕5 号)和《中国特色高水平高职学校和专业建设计划遴选管理办法(试行)》(以下简称《遴选管理办法》),现就项目申报有关事项通知如下。

一、范围和数量

围绕国家重大战略和区域支柱产业,首轮立项建设 50 所左右高水平高职学校和 150 个左右高水平专业群,重点布局在现代农业、先进制造业、现代服务业、战略性新兴产业等技术技能人才紧缺领域。

二、申报条件

申报学校须同时满足《遴选管理办法》第十条、十一条、十二条要求,每所学校申报 2 个专业群,每个专业群一般包含 3—5 个专业。相关条件和数据来源以国家有关部门发文和"高等职业院校人才培养工作状态数据采集与管理平台"为主要依据。

三、工作流程

(一)学校申报。符合申报条件的学校自愿申报,按要求向省级教育行政部门提交申报材料。

(二)省级推荐。省级教育行政部门会同财政部门对学校申报资格进行审核并择优遴选,公示无异议后报教育部、财政部(简称两部)。

(三)遴选确定。两部委托项目建设咨询专家委员会开展项目遴选推荐,对推荐结果进行审核、公示并公布结果。

四、有关要求

(一)申报学校须于 2019 年 4 月 29 日至 5 月 15 日登录教育部官网职成司主页(http://www.moe.gov.cn/s78/A07/)"中国特色高水平高职学校和专业建设计划"专栏"双高计划项目管理系统",按要求填写《中国特色高水平高职学校和专业建设计划申报书》(简称《申报书》,见附件),并上传建设方案及佐证材料电子版。学校用户名和初始密码另行通知省级教育行政部门。

(二)省级教育行政部门会同财政部门须于 2019 年 5 月 31 日前完成省级推荐工作,通过"双高计划项目管理系统"提交推荐信息,并将省级推荐函(包括推荐学校顺序名单、材料真实性审查情况等)和学校申报材料纸质版一并报送至教育部职业教育与成人教育司。省级教育行政部门用户名和初始密码另行通知。

(三)学校申报材料包括:《申报书》(须通过"双高计划项目管理系统"打印并签章,15 份)、建设方案(学校总体建设方案和两个专业群建设方案合并装订,不超过 120 页,15 份)、佐证材料(不超过 200 页,5 份),材料双面打印,A4 纸装订。

（四）各省级教育行政部门须按规定程序审核、公示相关申报材料，保证材料公开、真实、有效。

通信地址：北京市西单大木仓胡同 37 号教育部职成司高职发展处（邮编：100816）

联　系　人：任占营（职成司）

　　　　　　王　俊（财务司）

联系电话：010-66096232（职成司）

　　　　　　010-66097557（财务司）

电子信箱：sfgz@moe.edu.cn

附　　　件：中国特色高水平高职学校和专业建设计划申报书

教育部办公厅　财政部办公厅
2019 年 4 月 18 日

附件

中国特色高水平高职学校和专业建设计划

申 报 书

申报学校 _____

举办单位 _____

推荐省份 _____

填表日期 _____

中华人民共和国教育部
中华人民共和国财政部　制

2019 年 4 月

填写要求

一、申报学校须按要求填写相关内容,并对内容真实性负责,封面加盖学校公章。

二、申报表中标"＊"内容部分从"高等职业院校人才培养工作状态数据采集与管理平台"(以下简称"数据平台")中提取。

三、申报表中有关资金的数据口径按自然年度统计。

四、申报表中,表1-4基本条件要求的各项指标截止时间为2019年2月28日,"近五年"指2014年1月1日至2019年2月28日。

五、申报表中不得插入图表,如需图表可注明"详见建设方案第××页图××或表××"。

六、申报书须通过"双高计划项目管理系统"打印,单独成册。

内容真实性责任声明

<u>(学校名称)</u>对中国特色高水平高职学校和专业建设计划的《申报书》《建设方案》及相关佐证材料内容的真实性和准确性负责。

特此声明。

单位名称(盖章)：

法定代表人(签名)：

年　　月　　日

一、学校申报表

1. 学校基本情况

1-1 基本 信息	学校名称①			所在地区②	
	建校时间③			院校性质	公办/民办
	举办单位类型	省级政府/地市级政府/行业/企业/其他		学校网址	
	通信地址			邮 编	
	法人代表信息	姓 名		职 务	
		办公电话		传 真	
		手 机		电子信箱	
	联系人信息	姓 名		职 务	
		办公电话		传 真	
		手 机		电子信箱	
1-2 基本 状态④	学校占地面积(m²)		＊	校舍总建筑面积(m²)	＊
	生均教学科研及辅助用房面积(m²/生)		＊	生均实验室、实习场所面积(m²/生)	＊
	生均学生宿舍(公寓)面积(m²/生)		＊	生均纸质图书册数(册/生)	＊
	学校固定资产总值(万元)		＊	教学、科研仪器设备总值(万元)	＊
	生均教学、科研仪器设备值(元/生)		＊	接入互联网出口带宽(Mbps)	＊
	学校教职工总数(人)		＊	校内专任教师数(人)	＊
	双师素质专任教师比例(%)		＊	2017—2018学年兼职教师总数(人)	＊
	2017—2018学年兼职教师授课课时数(学时)		＊	2017—2018学年专业课时总数(学时)	＊
	2017—2018学年兼职教师授课课时数占专业课时总数的比例(%)			非学历培训规模(人日)	＊

---

① 院校名称须与教育部备案信息一致。
② 填写省、市两级,如××省(市、自治区)××市(区)。
③ 指院校独立设置具有举办高等职业教育资格的时间。
④ 如无特别说明,数据来源于2018年"数据平台"。

续　表

1-2 基本状态	全日制普通高职学历教育在校生数(人)		*	其中:普通高中起点在校生数(人)			*
	其中:中职起点在校生数(人)		*	其中:五年制高职后两年在校生数(人)			*
	其中:国(境)外留学生数(人)		*	其中:其他在校生数(人)			*
	折合在校生数(人)		*	生师比(x ∶ 1)			*
	2017—2018 学年合作企业订单培养数(人)			2017—2018 学年合作企业支持学校兼职教师数(人)			
	2017—2018 学年合作企业与学校共同开发课程数(门)			2017—2018 学年合作企业与学校共同开发教材数(种)			*
	2017—2018 学年合作企业接受顶岗实习学生数(人)		*	合作企业接受 2018 届毕业生就业数(人)			
	合作企业接受 2018 届毕业生就业数占应届毕业生的比例(%)			2017—2018 学年合作企业对学校捐赠设备总值(万元)			
	2017—2018 学年合作企业对学校准捐赠设备总值(万元)		*	学校为企业年培训员工(人天)			
	2017—2018 学年学校为企业技术服务年收入(万元)						*

全日制高职招生就业数据① ＼ 年度	2016 年	2017 年	2018 年	2019 年
全日制高职招生专业数(个)	*	*	*	
全日制高职招生计划数(人)	*	*	*	
全日制高职实际录取数(人)	*	*	*	——
招生计划完成率(%)②	*	*	*	——
全日制高职实际报到数(人)	*	*	*	
实际报到率(%)	*	*	*	
应届毕业生人数(人)	*	*	*	
应届毕业生初次就业率(%)	*	*	*	
上届毕业生半年后就业率(%)	*	*	*	
应届毕业生在本省市就业比例(%)	*	*	*	——

① 数据来源于 2016 年、2017 年、2018 年"数据平台"。

② 实际录取数/招生计划数。

续 表

1-3 办学 经费①	本省专科高职学校年生均财政拨款水平(万元)			
	本学校年生均财政拨款水平(万元)		*	
	项目　　　年份	2016 年	2017 年	2018 年
	学校总收入(万元)	*	*	*
	学校总支出(万元)	*	*	*
1-4 基本 条件②	学校办学条件高于专科高职学校设置标准			是/否
	数字校园基础设施高于《职业院校数字校园建设规范》标准			是/否
	被确定为《高等职业教育创新发展行动计划(2015—2018 年)》省级及以上优质高职学校建设单位			是/否
	已制定学校章程并经省级备案,设有理事会或董事会机构,成立校级学术委员会			是/否
	财务管理规范,内部控制制度健全			是/否
	牵头组建了实体化运行的职业教育集团			是/否
	成立有应用技术协同创新中心、技能大师工作室			是/否
	配合"走出去"企业开展员工教育培训、有教育部备案的中外合作办学项目或招收学历教育留学生			是/否
	近两届获得过国家级教学成果奖励(第一完成单位)			是/否
	主持国家级职业教育专业教学资源库立项项目且应用效果好			是/否
	承担国家级教育教学改革试点且成效明显			是/否
	有国家示范、骨干高职学校重点专业			是/否
	近五年学校就业工作被评为全国就业创业典型			是/否
	近五年学生在国家级及以上竞赛中获得过奖励			是/否
	教师获得过国家级奖励			是/否
	建立校级竞赛制度,近五年承办过全国职业院校技能大赛			是/否
	建立校级质量年报制度,近五年连续发布《高等职业院校质量年度报告》且未有负面行为被通报			是/否

① 数据来源于 2016 年、2017 年、2018 年"数据平台"。

② 表 1-4 中的部分条目含义参见表 1-5 中的注释部分。

续　表

类别	年份	项目名称	项目负责人	授予部门	获批文件文号②
国家级职业教育专业教学资源库③					
国家级教育教学改革试点④					
国家级重点专业⑤					
全国就业创业典型⑥					
教师国家级荣誉⑦					
承办全国职业院校技能大赛⑧					
发布《高等职业院校质量年度报告》					

类别栏左侧合并单元格为：**1-5 标志性成果①**

　　① 填报《遴选管理办法》第十一条(四)中的 9 项标志性成果。如无特别说明,仅填报近五年国家有关部门发文公布的荣誉、奖励、立项。涉及个人成果的所属单位认定,以发文中成果所在单位为准,须提供佐证材料。

　　② 填写文件文号,并上传获批文件 PDF 版。

　　③ 仅填报学校主持教育部发文立项的国家级职业教育专业教学资源库项目,不包括资源库备选库项目。

　　④ 仅包括现代学徒制试点、三全育人综合改革试点、教学工作诊断与改进工作试点、定向培养士官试点。

　　⑤ 仅填报 2006 年以来国家示范、骨干高职院校建设计划中央财政支持建设的重点专业。

　　⑥ 仅填报近五年全国毕业生就业典型经验高校、创新创业典型经验高校、创新创业教育改革示范高校。

　　⑦ 仅填报国家"万人计划"教学名师、全国高校黄大年式团队。

　　⑧ 仅填报近五年学校承办过的全国职业院校技能大赛。

续 表

	类别		特等奖数量	一等奖（金奖）数量	二等奖（银奖）数量	三等奖（铜奖）数量	授予部门	获奖证明①
1-5 标志性成果	国家级教学成果奖励②					——		
	教师全国职业院校教学能力比赛获奖③		——					
	学生国家级及以上竞赛奖励④	世界技能大赛获奖	——					
		全国职业院校技能大赛获奖	——					
		中国"互联网＋"大学生创新创业大赛获奖						
		"挑战杯"全国大学生课外学术科技作品竞赛和中国大学生创业计划竞赛获奖						
1-6 其他国家级成果⑤	（500字以内）							

———————

① 提供证明材料须列出获奖清单及相关获批文件,合并为一个 PDF 文件上传。

② 仅填报近两届国家职业教育教学成果奖,学校须为第一完成单位。

③ 指全国职业院校技能大赛职业院校教学能力比赛(含全国职业院校信息化教学大赛)。

④ 仅填报近五年学生世界技能大赛、全国职业院校技能大赛、中国"互联网＋"大学生创新创业大赛、"挑战杯"全国大学生课外学术科技作品竞赛和中国大学生创业计划竞赛获奖情况。

⑤ 填报近五年学校获得表1-5以外的其他国家级成果,学校须为主持单位,须提供佐证材料。

2. 建设方案综述

2-1　学校办学基础

（学校办学优势特色、面临的机遇和挑战，1000 字以内。）

2-2 学校发展目标

（学校发展的总体目标与思路，600字以内。）

2-3 重点任务与举措

（围绕《关于实施中国特色高水平高职学校和专业建设计划的意见》第二部分"改革发展任务"，对照《国家职业教育改革实施方案》，简述重点任务与举措，3000 字以内。）

2-4 预期成效

（项目建设预期成效及标志性成果，800 字以内。）

2-5 建设进度

序号	建设任务		年度目标①			
			2019 年	2020 年	2021 年	2022 年
1	加强党的建设	1. (每条50字以内) 2. …	(每条100字以内)			
2	打造技术技能人才培养高地	1. 2. …				
3	打造技术技能创新服务平台	1. 2. …				
4	打造高水平专业群②	1. 2.				
5	打造高水平双师队伍	1. 2. …				
6	提升校企合作水平	1. 2. …				
7	提升服务发展水平	1. 2. …				
8	提升学校治理水平	1. 2. …				

① 年度目标包括定量、定性描述。

② 高水平专业群的建设任务不在其他部分重复体现。

续　表

序号	建设任务		年度目标			
			2019 年	2020 年	2021 年	2022 年
9	提升信息化水平	1.				
		2.				
		…				
10	提升国际化水平	1.				
		2.				
		…				
…	……	1.				
		2.				
		…				

3. 经费预算

建设内容		经费来源及预算①									
		总计		各级财政投入②		举办方投入③		行业企业支持		学校自筹	
		金额(万元)	比例(%)	金额(万元)	比例(%)	金额(万元)	比例(%)	金额(万元)	比例(%)	金额(万元)	比例(%)
总计											
打造技术技能人才培养高地	1.										
	2.										
	…										
	小计										
打造技术技能创新服务平台	1.										
	2.										
	…										
	小计										

① 申报单位根据具体情况选填相应经费来源及预算，数值小数点后保留 2 位数字。

② 包括中央财政奖补、省级财政投入和地市级财政投入。

③ 指政府部门以外的其他举办方投入。

续　表

建设内容		经费来源及预算									
		总计		各级财政投入		举办方投入		行业企业支持		学校自筹	
		金额(万元)	比例(%)	金额(万元)	比例(%)	金额(万元)	比例(%)	金额(万元)	比例(%)	金额(万元)	比例(%)
打造高水平专业群①	1.										
	2.										
	小计										
打造高水平双师队伍	1.										
	2.										
	…										
	小计										
提升校企合作水平	1.										
	2.										
	…										
	小计										
提升服务发展水平	1.										
	2.										
	…										
	小计										
提升学校治理水平	1.										
	2.										
	3.										
	…										
	小计										
提升信息化水平	1.										
	2.										
	3.										
	…										
	小计										

　　① 包含两个高水平专业群建设经费预算投入,每个专业群单列一行,填写专业群各项经费预算投入合计值。高水平专业群的建设经费不在其他部分重复计算。

建设内容		经费来源及预算									
		总计		各级财政投入		举办方投入		行业企业支持		学校自筹	
		金额（万元）	比例（%）	金额（万元）	比例（%）	金额（万元）	比例（%）	金额（万元）	比例（%）	金额（万元）	比例（%）
提升国际化水平	1.										
	2.										
	3.										
	...										
	小计										
……	1.										
	2.										
	3.										
	...										
	小计										

4. 保障措施

（协同推进机制、项目实施管理、多元投入机制、改革发展环境等，800字以内。）

二、×××专业群申报表

1.专业群基本情况

专业群名称①				主要面向产业②		
面向职业岗位（群）						
专业群 包含专业③	序号	专业代码	专业名称	所在院（系）	所属专业大类	
	1			*	*	
	2			*	*	
	3			*	*	
	…	……		*	*	
专业群负责人						
姓　　名		性　　别		出生年月		
学　　历		学　　位		专业技术职务		
行政职务		手　　机		职业技能证书		
联系电话		电子信箱		QQ		
专业群负责人 代表性成就④	（200字以内）					
专业群资源相关性⑤						
群内至少三个专业有共享合作企业			是/否	共享合作 企业名称⑥		
群内至少三个专业有共享用人单位			是/否	共享用人 单位名称		

① 为统一规则,使用群内最能够体现专业群特色的专业名称命名。
② 现代农业、先进制造业、现代服务业、战略性新兴产业、其他。
③ 每个专业群一般包含3—5个专业。
④ 代表性成就须提供相应佐证材料。
⑤ 数据依据2016年、2017年、2018年"数据平台"。
⑥ 列出最多不超过3个具体名称,下同。

专业群资源相关性			
群内至少三个专业有共享专业课程①	是／否	共享专业 课程名称	
群内至少三个专业有共享校内实训基地	是／否	共享校内实训 基地名称	
群内至少三个专业有共享校外实习实训 基地	是／否	共享校外实习 实训基地名称	
群内至少三个专业有共享专任专业教师	是／否	共享专任 专业教师姓名	
群内至少三个专业有共享校外兼职教师	是／否	共享校外兼职 教师姓名	
专业群基本状态数据②			
全日制高职在校生数（人／专业）	＊	其中：一年级在校生数（人／专业）	＊
其中：二年级在校生数（人／专业）	＊	其中：三年级在校生数（人／专业）	＊
2018级招生计划数（人／专业）	＊	2018级实际录取数（人／专业）	＊
2018级新生报到数（人／专业）	＊	2018级新生报到比例（％）	＊
2018级本省生源学生报到数（人／专业）	＊	2018级本省生源学生报到比例（％）	＊
2018届毕业生数（人／专业）	＊	2018届毕业生初次就业率（％）	＊
2018届毕业生本省市就业比例（％）	＊	2018届毕业生对口就业率（％）	＊
2017届毕业生年底就业率（％）	＊	2017届毕业生用人单位满意或基本满 意比例（％）	＊
校内专任教师数（人／专业）	＊	专任教师双师素质比例（％）	＊
2017—2018学年兼职教师总数（人／专业）	＊	2017—2018学年兼职教师授课课时数 占专业课时总数的比例（％）	＊
校内实训基地数（个／专业）	＊	校内实训基地生均设备值（万元／生）	＊
2017—2018学年校内实训基地使用频 率（人时）	＊	校外实习实训基地数（个／专业）	＊
2017—2018学年校外实习实训基地接 受半年顶岗实习学生数（人／专业）	＊	校外实习实训基地接收2018届毕业生 就业数（人／专业）	＊
合作企业总数（个／专业）	＊	合作企业订单培养总数（人／专业）	＊
合作企业共同开发课程总数（门／专业）	＊	合作企业支持兼职教师总数（人／专业）	＊

① 包含专业基础课与专业课。
② 学校无须填写，由系统自动统计各专业数据得出。

续　表

专业群基本状态数据			
合作企业接受顶岗实习学生总数（人/专业）	*	合作企业捐赠设备总值（万元/专业）	*
合作企业准捐赠设备总值（万元/专业）	*	合作企业接受2018届毕业生就业总数（人/专业）	*
为企业培训员工总数（人天/专业）	*		

2. 专业群内专业基本情况

2-1　×××专业基本情况①

专业代码		专业名称	*
所在院（系）	*	所属专业大类	*
全日制高职在校生数（人）		其中：一年级在校生数（人）	
其中：二年级在校生数（人）		其中：三年级在校生数（人）	
2018级招生计划数（人）		2018级实际录取数（人）	
2018级新生报到数（人）		2018级新生报到比例（%）	
2018级本省生源学生报到数（人）		2018级本省生源学生报到比例（%）	
2018届毕业生数（人）		2018届毕业生初次就业率（%）	
2018届毕业生本省市就业比例（%）		2018届毕业生对口就业率（%）	
2017届毕业生年底就业率（%）		2017届毕业生用人单位满意或基本满意比例（%）	
校内专任教师数（人）		专任教师双师素质比例（%）	
2017—2018学年兼职教师总数（人）		2017—2018学年兼职教师授课课时数占专业课时总数的比例（%）	
校内实训基地数（个）		校内实训基地生均设备值（万元/生）	
2017—2018学年校内实训基地使用频率（人时）		校外实习实训基地数（个）	
2017—2018学年校外实习实训基地接受半年顶岗实习学生（人）		校外实习实训基地接收2018届毕业生就业数（人）	

---

① 学校输入专业代码，系统汇总相关数据。

续 表

本专业合作企业总数(个)	本专业合作企业订单培养总数(人)	
本专业合作企业共同开发课程总数(门)	本专业合作企业支持学校兼职教师总数(人)	
合作企业接受本专业顶岗实习学生总数(人)	合作企业接受本专业 2018 届毕业生就业总数(人)	
合作企业对本专业准捐赠设备总值(万元)	合作企业对本专业捐赠设备总值(万元)	
本专业为企业培训员工总数(人天)		

说明:可根据专业群内包含专业数量增加表格。

3. 专业群建设方案综述

3-1 建设基础

（专业群优势特色、面临的机遇和挑战,500 字以内。）

3-2 组群逻辑

[专业群与产业(链)的对应性、专业群人才培养定位、群内专业的逻辑性等,800 字以内。]

3-3 建设目标

(专业群建设总体目标,500 字以内。)

3-4　建设内容与实施举措

（专业群人才培养模式创新、课程教学资源建设、教材与教法改革、教师教学创新团队、实践教学基地、技术技能平台、社会服务、国际交流与合作、可持续发展保障机制等，2000字以内。）

3-5　预期成效

（项目建设预期成效及标志性成果，500字以内。）

3-6　建设进度

序号	建设任务		年度目标			
			2019 年	2020 年	2021 年	2022 年
1	人才培养 模式创新	1.（每条 50 字以内）	（每条 100 字以内）			
		2.				
		…				
2	课程教学 资源建设	1.				
		2.				
		…				
3	教材与 教法改革	1.				
		2.				
		…				
4	教师教学 创新团队	1.				
		2.				
		…				
5	实践 教学基地	1.				
		2.				
		…				
6	技术 技能平台	1.				
		2.				
		…				
7	社会服务	1.				
		2.				
		…				
8	国际交流 与合作	1.				
		2.				
		…				

序号	建设任务		年度目标			
			2019 年	2020 年	2021 年	2022 年
9	可持续发展保障机制	1.				
		2.				
		…				
…	……	1.				
		2.				
		…				

4. 专业群经费预算

建设内容		专业群建设经费来源及预算①									
		总计		各级财政投入②		举办方投入③		行业企业支持		学校自筹	
		金额（万元）	比例（%）	金额（万元）	比例（%）	金额（万元）	比例（%）	金额（万元）	比例（%）	金额（万元）	比例（%）
总计											
人才培养模式创新	1.										
	2.										
	…										
	小计										
课程教学资源建设	1.										
	2.										
	…										
	小计										
教材与教法改革	1.										
	2.										
	…										
	小计										

① 申报单位根据具体情况选填相应经费来源及预算，数值小数点后保留 2 位数字。

② 包括中央财政奖补、省级财政投入和地市级财政投入。

③ 指政府部门以外的其他举办方投入。

续　表

建设内容		专业群建设经费来源及预算									
		总计		各级财政投入		举办方投入		行业企业支持		学校自筹	
		金额（万元）	比例（%）	金额（万元）	比例（%）	金额（万元）	比例（%）	金额（万元）	比例（%）	金额（万元）	比例（%）
教师教学创新团队	1.										
	2.										
	…										
	小计										
实践教学基地	1.										
	2.										
	…										
	小计										
技术技能平台	1.										
	2.										
	…										
	小计										
社会服务	1.										
	2.										
	…										
	小计										
国际交流与合作	1.										
	2.										
	…										
	小计										
可持续发展保障机制	1.										
	2.										
	…										
	小计										
……	1.										
	2.										
	…										
	小计										

三、×××专业群申报表①

（专业群申报表格式同前。）

四、学校承诺书

（学校在项目建设目标、内容、举措、成效、进度、保障等方面的承诺。）

学校名称（章）＿＿＿＿＿＿＿＿＿＿＿＿

年　　月　　日

---

① 专业群申报表格式同前。

五、省级推荐意见

学校近五年在招生、财务、实习、学生管理等方面是否出现过重大责任事故	是/否
学校是否列入本省升本规划	是/否

（省级推荐意见、公示无异议声明）

　　项目建设经费预算来源于各级财政投入、举办方投入、行业企业支持、学校自筹等。其中,财政投入资金由中央财政奖补、省级财政投入和地市级财政投入构成。

省级财政部门（盖章）　　　　　　　　　　省级教育行政部门（盖章）

地市级财政部门（盖章）　　　　　　　　　地市级教育行政部门（盖章）

学校举办方（盖章）

　　　　　　　　　　　　　　　　　　　　　　年　　月　　日

省级教育行政部门联系人信息	姓　　名		部门及职务	
	办公电话		传　　真	
	手　　机		电子信箱	

4.教育部 财政部关于公布中国特色高水平 高职学校和专业建设计划 建设单位名单的通知

教职成函〔2019〕14号

各省、自治区、直辖市教育厅(教委)、财政厅,各计划单列市教育局、财政局,新疆生产建设兵团教育局、财政局:

根据《教育部 财政部关于实施中国特色高水平高职学校和专业建设计划的意见》(教职成〔2019〕5号)和《中国特色高水平高职学校和专业建设计划项目遴选管理办法(试行)》(教职成〔2019〕8号),经高职学校自愿申报,省级教育行政部门、财政部门审核推荐,中国特色高水平高职学校和专业建设计划(简称"双高计划")项目建设咨询专家委员会评审,教育部、财政部审定并公示,现对"双高计划"第一轮建设单位名单予以公布。

各地要将"双高计划"作为落实《国家职业教育改革实施方案》的"先手棋",优化改革发展环境,加强政策支持和经费保障,动员各方力量支持项目建设。项目学校要按照备案的建设方案和任务书实施建设,教育部、财政部将适时开展项目绩效评价,评价结果作为下一周期遴选的重要依据。

附件:中国特色高水平高职学校和专业建设计划建设单位名单

教育部 财政部
2019年12月10日

附件

中国特色高水平高职学校和专业建设
计划建设单位名单

（同一档次内按国务院省级行政区划顺序及校名拼音排序）

第一类：

高水平学校建设单位（A档）

学校名称	专业群名称
北京电子科技职业学院	汽车制造与装配技术、药品生物技术
天津市职业大学	眼视光技术、包装工程技术
江苏农林职业技术学院	现代农业技术、园林技术
无锡职业技术学院	数控技术、物联网应用技术
金华职业技术学院	机械制造与自动化、学前教育
浙江机电职业技术学院	机械制造与自动化、智能控制技术
山东商业职业技术学院	市场营销、云计算技术与应用
黄河水利职业技术学院	水利水电建筑工程、测绘地理信息技术
深圳职业技术学院	通信技术、电子信息工程技术
陕西工业职业技术学院	机械制造与自动化、材料成型与控制技术

第二类：

高水平学校建设单位（B档）

学校名称	专业群名称
北京工业职业技术学院	机电一体化技术、工程测量技术
天津医学高等专科学校	护理、药学

学校名称	专业群名称
河北工业职业技术学院	黑色冶金技术、电气自动化技术
辽宁省交通高等专科学校	道路桥梁工程技术、汽车运用与维修技术
常州信息职业技术学院	软件技术、信息安全与管理
江苏农牧科技职业学院	畜牧兽医、食品药品监督管理
南京信息职业技术学院	通信技术、电子产品质量检测
杭州职业技术学院	电梯工程技术、服装设计与工艺
宁波职业技术学院	应用化工技术、模具设计与制造
浙江金融职业学院	金融管理、国际贸易实务
日照职业技术学院	水产养殖技术、建筑工程技术
淄博职业学院	电气自动化技术、新能源汽车技术
长沙民政职业技术学院	现代殡葬技术与管理、老年服务与管理
广东轻工职业技术学院	精细化工技术、产品艺术设计
广州番禺职业技术学院	艺术设计、珠宝首饰技术与管理
深圳信息职业技术学院	软件技术、移动通信技术
顺德职业技术学院	家具设计与制造、制冷与空调技术
重庆电子工程职业学院	物联网应用技术、信息安全与管理
重庆工业职业技术学院	模具设计与制造、汽车检测与维修技术
杨凌职业技术学院	农业生物技术、水利工程

第三类：

高水平学校建设单位（C 档）

学校名称	专业群名称
北京财贸职业学院	会计、连锁经营管理
天津轻工职业技术学院	模具设计与制造、光伏发电技术与应用
山西省财政税务专科学校	会计、市场营销
内蒙古机电职业技术学院	电力系统自动化技术、机械制造与自动化

续 表

学校名称	专业群名称
长春汽车工业高等专科学校	汽车制造与装配技术、新能源汽车技术
哈尔滨职业技术学院	机电一体化技术、电子商务
上海工艺美术职业学院	工艺美术品设计、产品艺术设计
常州机电职业技术学院	工业机器人技术、模具设计与制造
江苏经贸职业技术学院	电子商务、老年服务与管理
温州职业技术学院	鞋类设计与工艺、电机与电器技术
芜湖职业技术学院	机电一体化技术、食品营养与检测
福建船政交通职业学院	航海技术、安全技术与管理
九江职业技术学院	船舶工程技术、物联网应用技术
滨州职业学院	护理、机械制造与自动化
武汉船舶职业技术学院	船舶工程技术、轮机工程技术
湖南铁道职业技术学院	铁道机车车辆制造与维护、铁道机车
南宁职业技术学院	建筑室内设计、软件技术
海南经贸职业技术学院	旅游管理、国际经济与贸易
四川工程职业技术学院	数控技术、焊接技术与自动化
贵州交通职业技术学院	道路桥梁工程技术、汽车运用与维修技术
昆明冶金高等专科学校	有色冶金技术、测绘工程技术
陕西铁路工程职业技术学院	高速铁道工程技术、城市轨道交通工程技术
西安航空职业技术学院	飞机机电设备维修、无人机应用技术
兰州资源环境职业技术学院	应用气象技术、金属精密成型技术
宁夏职业技术学院	畜牧兽医、机电一体化技术
新疆农业职业技术学院	种子生产与经营、畜牧兽医

高水平专业群建设单位（A 档）

学校名称	专业群名称
北京农业职业学院	园艺技术
北京信息职业技术学院	信息安全与管理
天津电子信息职业技术学院	软件技术
天津现代职业技术学院	无人机应用技术
邢台职业技术学院	汽车检测与维修技术
山西工程职业学院	黑色冶金技术
辽宁农业职业技术学院	园艺技术
长春职业技术学院	计算机网络技术
黑龙江农业经济职业学院	作物生产技术
黑龙江建筑职业技术学院	市政工程技术
江苏建筑职业技术学院	建筑装饰工程技术
浙江建设职业技术学院	工程造价
安徽机电职业技术学院	工业机器人技术
安徽商贸职业技术学院	电子商务
福建信息职业技术学院	物联网应用技术
江西应用技术职业学院	国土资源调查与管理
山东科技职业学院	服装设计与工艺
黄冈职业技术学院	建筑钢结构工程技术
武汉职业技术学院	光电技术应用
湖南工业职业技术学院	数控技术
湖南工艺美术职业学院	刺绣设计与工艺
湖南汽车工程职业学院	汽车智能技术
重庆城市管理职业学院	老年服务与管理
成都航空职业技术学院	飞行器制造技术
四川交通职业技术学院	道路桥梁工程技术
兰州石化职业技术学院	石油化工技术

高水平专业群建设单位(B 档)

学校名称	专业群名称
北京劳动保障职业学院	老年服务与管理
天津交通职业学院	物流管理
石家庄铁路职业技术学院	铁道工程技术
唐山工业职业技术学院	动车组检修技术
山西机电职业技术学院	数控技术
山西职业技术学院	大数据技术与应用
内蒙古化工职业学院	煤化工技术
黑龙江职业学院	数控技术
黑龙江农业工程职业学院	农业装备应用技术
常州工程职业技术学院	应用化工技术
江苏工程职业技术学院	现代纺织技术
江苏海事职业技术学院	航海技术
江苏食品药品职业技术学院	食品加工技术
南通航运职业技术学院	航海技术
苏州工艺美术职业技术学院	工艺美术品设计
苏州农业职业技术学院	园林工程技术
浙江交通职业技术学院	道路桥梁工程技术
浙江经济职业技术学院	物流管理
浙江经贸职业技术学院	电子商务
浙江旅游职业学院	导游
安徽水利水电职业技术学院	水利水电建筑工程
福州职业技术学院	软件技术
黎明职业大学	高分子材料加工技术
漳州职业技术学院	食品加工技术
江西财经职业学院	会计

续 表

学校名称	专业群名称
江西环境工程职业学院	林业技术
江西交通职业技术学院	道路桥梁工程技术
济南职业学院	机电一体化技术
青岛职业技术学院	服装与服饰设计
山东畜牧兽医职业学院	畜牧兽医
山东交通职业学院	汽车运用与维修技术
威海职业学院	建筑工程技术
潍坊职业学院	电气自动化技术
烟台职业学院	模具设计与制造
河南工业职业技术学院	机电一体化技术
河南农业职业学院	种子生产与经营
河南职业技术学院	数控技术
许昌职业技术学院	机电一体化技术
郑州铁路职业技术学院	铁道机车
武汉铁路职业技术学院	动车组检修技术
襄阳职业技术学院	特殊教育
长沙航空职业技术学院	飞行器维修技术
湖南化工职业技术学院	应用化工技术
广东科学技术职业学院	软件技术
广东水利电力职业技术学院	水利水电建筑工程
广州铁路职业技术学院	铁道供电技术
广西职业技术学院	茶树栽培与茶叶加工
柳州职业技术学院	机电设备维修与管理
重庆电力高等专科学校	发电厂及电力系统
重庆工程职业技术学院	机电一体化技术

续　表

学校名称	专业群名称
重庆工商职业学院	物联网应用技术
成都纺织高等专科学校	服装设计与工艺
成都职业技术学院	软件技术
四川建筑职业技术学院	建筑工程技术
铜仁职业技术学院	畜牧兽医
陕西国防工业职业技术学院	机电一体化技术
陕西职业技术学院	旅游管理
酒泉职业技术学院	风力发电工程技术
宁夏工商职业技术学院	应用化工技术

第四类：

高水平专业群建设单位(C档)

学校名称	专业群名称
北京交通运输职业学院	城市轨道交通运营管理
天津渤海职业技术学院	环境工程技术
沧州医学高等专科学校	临床医学
承德石油高等专科学校	石油工程技术
河北化工医药职业技术学院	药品生产技术
秦皇岛职业技术学院	审计
石家庄邮电职业技术学院	邮政通信管理
石家庄职业技术学院	建筑工程技术
内蒙古建筑职业技术学院	供热通风与空调工程技术
渤海船舶职业学院	船舶工程技术
辽宁机电职业技术学院	工业过程自动化技术
辽宁经济职业技术学院	物流管理

续　表

学校名称	专业群名称
沈阳职业技术学院	机械设计与制造
吉林交通职业技术学院	道路桥梁工程技术
吉林铁道职业技术学院	铁道机车
哈尔滨铁道职业技术学院	城市轨道交通工程技术
南京铁道职业技术学院	铁道交通运营管理
南通职业大学	建筑工程技术
苏州工业职业技术学院	智能控制技术
无锡商业职业技术学院	市场营销
徐州工业职业技术学院	高分子材料工程技术
浙江工贸职业技术学院	光电制造与应用技术
浙江警官职业学院	刑事执行
浙江商业职业技术学院	电子商务
浙江艺术职业学院	戏曲表演
安徽医学高等专科学校	护理
江西外语外贸职业学院	电子商务
东营职业学院	石油化工技术
青岛酒店管理职业技术学院	酒店管理
山东职业学院	城市轨道交通车辆技术
湖北交通职业技术学院	新能源汽车技术
湖北职业技术学院	护理
武汉电力职业技术学院	发电厂及电力系统
长沙商贸旅游职业技术学院	餐饮管理
湖南交通职业技术学院	道路桥梁工程技术
湖南生物机电职业技术学院	种子生产与经营
岳阳职业技术学院	护理

续　表

学校名称	专业群名称
东莞职业技术学院	电子信息工程技术
广东工贸职业技术学院	测绘地理信息技术
广东机电职业技术学院	数控技术
广东食品药品职业学院	中药学
广州民航职业技术学院	飞机机电设备维修
中山火炬职业技术学院	包装策划与设计
广西建设职业技术学院	建筑工程技术
重庆航天职业技术学院	智能控制技术
重庆三峡医药高等专科学校	中药学
重庆三峡职业学院	畜牧兽医
重庆医药高等专科学校	药学
成都农业科技职业学院	休闲农业
四川邮电职业技术学院	通信技术
贵州轻工职业技术学院	大数据技术与应用
昆明工业职业技术学院	物流管理
云南机电职业技术学院	机电一体化技术
陕西能源职业技术学院	煤矿开采技术
咸阳职业技术学院	学前教育
新疆轻工职业技术学院	应用化工技术

5. 教育部 财政部关于印发
《中国特色高水平高职学校和专业建设计划
绩效管理暂行办法》的通知

教职成〔2020〕8 号

各省、自治区、直辖市教育厅(教委)、财政厅(局),新疆生产建设兵团教育局、财政局:

根据《教育部 财政部关于实施中国特色高水平高职学校和专业建设计划的意见》(教职成〔2019〕5 号),教育部、财政部研究制定了《中国特色高水平高职学校和专业建设计划绩效管理暂行办法》,现印发你们,请遵照执行。

教育部 财政部
2020 年 12 月 21 日

中国特色高水平高职学校和专业建设
计划绩效管理暂行办法

第一条 为规范和加强中国特色高水平高职学校和专业建设计划(简称"双高计划")绩效管理,明确责任,提高资金配置效益和使用效率,确保绩效目标如期实现,根据《中共中央 国务院关于全面实施预算绩效管理的意见》、《现代职业教育质量提升计划资金管理办法》(财教〔2019〕258 号)、《教育部 财政部关于实施中国特色高水平高职学校和

57

专业建设计划的意见》(教职成〔2019〕5 号)等有关规定,制定本办法。

第二条 "双高计划"绩效管理(简称绩效管理)是指"双高计划"建设学校(简称学校)、中央及省级教育部门和财政部门组织实施绩效目标管理,依据设定的绩效目标实施过程监控,开展绩效评价并加强评价结果应用的管理过程。

第三条 绩效目标是"双高计划"在实施期内预期达到的产出和效果。绩效目标着重对接国家战略,响应改革任务部署,紧盯"引领"、强化"支撑"、凸显"高"、彰显"强"、体现"特",展示在国家形成"一批有效的职业教育高质量发展政策、制度、标准"方面的贡献度,通过"双高计划"有关系统填报与备案。绩效目标应做到科学合理、细化量化、可衡量可评价、体现项目核心成果。

第四条 绩效评价是指学校、中央及省级教育部门和财政部门,对建设成效进行客观、公正的测量、分析和评判。绩效评价按评价主体分为学校绩效自评和部门绩效评价,评价工作应当做到职责明确、相互衔接、科学公正、公开透明。

第五条 学校自评包括年度、中期及实施期结束后自评。学校对自评结果的客观性、真实性负责,学校法人代表是第一责任人。学校应当结合各自实际,设定绩效目标,对绩效目标实现情况进行全方位、全过程的自我评价。对绩效自评发现的绩效目标落实中存在的问题,应及时纠正、调整,确保绩效目标如期完成。学校应当在次年初,依据《双高学校建设数据采集表》(见附件 1)、《高水平专业(群)建设数据采集表》(见附件 2)的指标框架,结合学校"双高计划"建设方案,进一步细化本校指标,通过系统如实填报当年度进展数据。学校中期及实施期结束后,在规定时间内完成自评,通过系统向省级主管部门提交《双高学校绩效自评报告》(见附件 3),有选择地填写《基于"双高绩效目标实现贡献度"信息采集表》(见附件 4)、《基于"高水平学校和专业群社会认可度"信息采集表》(见附件 5)、《基于"地方政府(含举办方)重视程度"信息采集表》(见附件6)。选择性采集的信息主要供教育部门和财政部门了解建设成效、调整相关政策、进行绩效评价做参考。

第六条 省(自治区、直辖市)、计划单列市和新疆生产建设兵团教育行政部门会同同级财政部门负责本地学校绩效管理工作,指导学校科学设定项目(含年度)绩效目标;加强审核,批复下达绩效目标,并报教育部和财政部备案;审核学校自评结果,对省内学校自评结果负责。

第七条 教育部、财政部结合国家职业教育改革阶段任务,确定"双高计划"总体目标,组织专家或委托第三方机构在学校自评的基础上,开展中期及实施期结束后绩效评价。

第八条 出现以下情形的,停止"双高计划"建设,退出计划。

1.违背立德树人根本任务,学校在思想政治工作上出现重大问题的。

2.偏离国家"双高计划"总体目标、社会贡献度显现较弱或学校建设任务没有如期完成、目标实现未达预期。

第九条 出现以下情形的,限期整改,并在绩效评价结果中予以反映。

1.擅自调整批复的建设方案和任务书内容,降低学校建设目标,减少建设任务。

2.项目经费使用不符合国家财务制度规定。

3.其他违反国家法律法规和本办法规定的行为。

第十条 教育部、财政部评价结果是完善相关政策、调整中央财政奖补资金、本周期验收以及下一周期遴选的重要依据。学校在实施期出现重大问题,经整改仍无改善的,退出"双高计划"。退出"双高计划"的学校不得再次申请。

第十一条 学校要主动接受教育、财政、纪检、监察等部门的监督检查,依法接受外部审计部门的监督,发现问题应当及时制定整改措施并落实。

第十二条　本办法自印发之日起施行,由教育部、财政部负责解释和修订。

附件:

1.双高学校建设数据采集表

2.高水平专业(群)建设数据采集表

3.双高学校绩效自评报告(参考提纲)

4.基于"双高绩效目标实现贡献度"信息采集表

5.基于"高水平学校和专业群社会认可度"信息采集表

6.基于"地方政府(含举办方)重视程度"信息采集表

附件 1

双高学校建设数据采集表

项目建设学校全称				类别(双高建设基础)			
专业群(1)名称				专业群(2)名称			

项目资金(元)	具体事项		分年度数				
			2019年度	2020年度	2021年度	2022年度	2023年度
	预算安排情况	合计					
		中央财政投入资金					
		地方各级财政投入资金					
		举办方投入资金					
		行业企业支持资金					
		学校自筹资金					
	资金使用情况	合计					
		中央财政投入资金					
		地方各级财政投入资金					
		举办方投入资金					
		行业企业支持资金					
		学校自筹资金					

绩效指标	一级指标	二级指标	三级指标	目标值(累计数)		实现值(累计数)
				实施期满	阶段性	
	1.产出指标	1.1数量指标	1.1.1 打造技术技能人才培养高地	——	——	
			……			
			1.1.2 打造技术技能创新服务平台	——	——	
			……			
			1.1.3 打造高水平专业群	——	——	
			……			
			1.1.4 打造高水平双师队伍	——	——	
			……			

续　表

| 一级指标 | 二级指标 | 三级指标 | 目标值（累计数） | | 实现值（累计数） |
			实施期满	阶段性	
绩效指标	1.产出指标	1.1 数量指标	1.1.5 提升校企合作水平	——	——	——
			……			
			1.1.6 提升服务发展水平	——	——	——
			……			
			1.1.7 提升学校治理水平	——	——	——
			……			
			1.1.8 提升信息化水平	——	——	——
			……			
			1.1.9 提升国际化水平	——	——	——
			……			
		1.2 质量指标	1.2.1 打造技术技能人才培养高地	——	——	——
			……			
			1.2.2 打造技术技能创新服务平台	——	——	——
			……			
			1.2.3 打造高水平专业群	——	——	——
			……			
			1.2.4 打造高水平双师队伍	——	——	——
			……			
			1.2.5 提升校企合作水平	——	——	——
			……			
			1.2.6 提升服务发展水平	——	——	——
			……			
			1.2.7 提升学校治理水平	——	——	——
			……			
			1.2.8 提升信息化水平	——	——	——
			……			
			1.2.9 提升国际化水平	——	——	——
			……			
		1.3 时效指标	1.3.1 任务完成进度（%）			
			……			

续　表

	一级指标	二级指标	三级指标	目标值（累计数）		实现值（累计数）
				实施期满	阶段性	
绩效指标	2.效益指标	2.1 社会效益指标	2.1.1 引领职业教育改革发展和人才培养的贡献度	——	——	——
			……			
			2.1.2 支撑国家战略和区域经济社会发展的贡献度	——	——	——
			……			
			2.1.3 推动形成一批国家层面有效支撑职业教育高质量发展的政策、制度、标准的贡献度	——	——	——
			……			
		2.2 可持续影响指标	2.2.1 项目标志性成果可持续影响的时间（年/项）			
			……			
	3.满意度指标	3.1 服务对象满意度指标	3.1.1 在校生满意度（%）			
			3.1.2 毕业生满意度（%）			
			3.1.3 教职工满意度（%）			
			3.1.4 用人单位满意度（%）			
			3.1.5 家长满意度（%）			
其他需要特别说明的问题						

备注：1.中央财政投入资金是指现代职业教育质量提升计划资金中，按照分类分档支持标准安排的奖补资金。

2.地方各级财政投入资金是指地方各级财政部门安排的用于支持"双高计划"的投入

3.举办方投入资金仅指非政府举办的职业院校举办方投入的用于支持"双高计划"的投入。

4.行业企业支持资金是指行业企业投入的用于"双高计划"的社会资金。学校可用于"双高计划"建设的"以服务求发展"筹集的社会资金是行业企业支持资金的组成部分。

5.可用于"双高计划"建设的学校事业收入、其他收入是学校自筹资金的主要来源。财政按照生均拨款制度安排的日常运转经费不列入其中。

6."双高计划"学校需要提供5个左右反映十大建设任务的案例，原则上每个案例字数不少于500字。

附件 2

高水平专业(群)建设数据采集表

项目建设 学校全称				专业群名称		
绩效 指标	一级 指标	二级 指标	三级指标	目标值(累计数)		现值 (累计数)
				实施期满	阶段性	
	1.产出 指标	1.1 数量 指标	1.1.1 人才培养模式创新	——	——	——
			……			
			1.1.2 课程教学资源建设	——	——	——
			……			
			1.1.3 教材与教法改革	——	——	——
			……			
			1.1.4 教师教学创新团队	——	——	——
			……			
			1.1.5 实践教学基地	——	——	——
			……			
			1.1.6 技术技能平台	——	——	——
			……			
			1.1.7 社会服务	——	——	——
			……			
			1.1.8 国际交流与合作	——	——	——
			……			
		1.2 质量 指标	1.2.1 人才培养模式创新	——	——	——
			……			
			1.2.2 课程教学资源建设	——	——	——
			……			
			1.2.3 教材与教法改革	——	——	——
			……			

续　表

一级指标	二级指标	三级指标	目标值（累计数）		现值（累计数）
			实施期满	阶段性	
绩效指标	1.产出指标	1.2 质量指标	1.2.4 教师教学创新团队	——	——	——
			……			
			1.2.5 实践教学基地	——	——	——
			……			
			1.2.6 技术技能平台	——	——	——
			……			
			1.2.7 社会服务	——	——	——
			……			
			1.2.8 国际交流与合作	——	——	——
			……			
		1.3 时效指标	1.3.1 任务完成进度（%）	——	——	——
			……			
	2.效益指标	2.1 社会效益指标	2.1.1 引领职业教育改革发展和人才培养的贡献度	——	——	——
			……			
			2.1.2 支撑国家战略和区域经济社会发展的贡献度	——	——	——
			……			
			2.1.3 国家形成一批有效支撑职业教育高质量发展的政策、制度、标准的贡献度	——	——	——
			……			
		2.2 可持续影响指标	2.2.1 项目标志性成果可持续影响的时间（年/项）			
			……			
	3.满意度指标	3.1 服务对象满意度指标	3.1.1 在校生满意度（%）			
			3.1.2 毕业生满意度（%）			
			3.1.3 教职工满意度（%）			
			3.1.4 用人单位满意度（%）			
			3.1.5 家长满意度（%）			

65

续　表

绩效指标	一级指标	二级指标	三级指标	目标值（累计数）		现值（累计数）
				实施期满	阶段性	
其他需要特别说明的问题						

备注:1."双高计划"专业群需要提供5个左右反映专业群九大建设任务的案例,每个案例字数不少于500字。

附件 **3**

双高学校绩效自评报告

（参考提纲）

一、双高学校绩效目标实现程度及效果

（一）总体目标的实现程度及效果

（二）阶段性目标的实现程度及效果（可选项）

二、建设任务进度及绩效指标的完成情况

（一）学校层面

（二）专业（群）层面

三、项目预算执行情况

（一）预算执行情况

（二）未如期执行的原因分析与说明（可选项）

四、实现双高学校绩效目标采取措施（含改进措施）的有效性（附相关佐证材料）

五、对双高绩效目标实现的贡献度和社会认可度有关情况的说明（可选项。附标志性成果及其社会评价等有关说明）

（一）双高绩效目标实现的贡献度

1.引领职业教育改革发展和人才培养方面

2.支撑国家战略和地方经济社会发展方面

3.国家在形成一批有效支撑职业教育高质量发展的政策、制度、标准方面

（二）社会认可度

1.学生家长认可度

2.行业企业认可度

3.业内影响力

4.国际影响力

六、经验与做法、未完成或偏离绩效目标的原因以及发现的问题（可选项）

七、改进措施及有关工作建议（可选项）

八、其他需要特别说明的有关事宜与有关建议（可选项）

附件 4   （非必填项）

基于"双高绩效目标实现贡献度"信息采集表

项目建设学校全称		类别（双高建设基础）	
专业群（1）名称		专业群（2）名称	
维度1：引领职业教育改革发展和人才培养方面			
标志性成果（1-1）名称			
绩效目标设定中有无对应的三级指标		□有（请详细填写下列绩效目标设定情况） □无	
绩效目标的设定		指标编码及名称	指标值
对应的三级指标	数量指标		
	质量指标（可加行）		
	社会效益指标（可加行）		
	可持续影响指标（可加行）		
	………		
标志性成果简介	（不超过1000字）		
社会评价佐证材料目录			
维度2：支撑国家战略和地方经济社会发展方面			
标志性成果（2-1）名称			
绩效目标设定中有无对应的三级指标		□有（请详细填写下列绩效目标设定情况） □无	
绩效目标的设定		指标编码及名称	指标值
对应的三级指标	数量指标		
	质量指标（可加行）		
	社会效益指标（可加行）		

续　表

绩效目标的设定		指标编码及名称	指标值
	可持续影响指标(可加行)		
	………		
标志性成果简介	(不超过1000字)		
社会评价佐证材料目录			

维度3:推动形成一批国家层面有效支撑职业教育高质量发展的政策、制度、标准方面

标志性成果(3-1)名称			
绩效目标设定中有无对应的三级指标		□有(请详细填写下列绩效目标设定情况)　□无	
绩效目标的设定		指标编码及名称	指标值
对应的三级指标	数量指标		
	质量指标(可加行)		
	社会效益指标(可加行)		
	可持续影响指标(可加行)		
	………		
标志性成果简介	(不超过1000字)		
社会评价佐证材料目录			

附件 5 （非必填项）

基于"高水平学校和专业群社会认可度"信息采集表

项目建设学校全称		类别(双高建设基础)	
专业群(1)名称		专业群(2)名称	

维度 1:学生家长认可度			
视角(1-1)			
绩效目标设定中有无对应的三级指标		□有(请详细填写下列绩效目标设定情况) □无	
绩效目标的设定		指标编码及名称	指标值
对应的三级指标	质量指标(可加行)		
	社会效益指标(可加行)		
	………		
情况说明	(不超过 500 字)		
佐证材料目录			

维度 2:行业企业认可度			
视角(2-1)			
绩效目标设定中有无对应的三级指标		□有(请详细填写下列绩效目标设定情况) □无	
绩效目标的设定		指标编码及名称	指标值
对应的三级指标	质量指标(可加行)		
	社会效益指标(可加行)		
	………		
情况说明	(不超过 500 字)		

续　表

佐证材料目录			
维度3：业内影响力			
视角(3-1)			
绩效目标设定中有无对应的三级指标		□有(请详细填写下列绩效目标设定情况)　□无	
绩效目标的设定		指标编码及名称	指标值
对应的三级指标	质量指标(可加行)		
	社会效益指标(可加行)		
	………		
情况说明	(不超过500字)		
佐证材料目录			
维度4：国际影响力			
视角(4-1)			
绩效目标设定中有无对应的三级指标		□有(请详细填写下列绩效目标设定情况)　□无	
绩效目标的设定		指标编码及名称	指标值
对应的三级指标	质量指标(可加行)		
	社会效益指标(可加行)		
	………		
情况说明	(不超过500字)		
佐证材料目录			

附件 6   （非必填项）

基于"地方政府(含举办方)重视程度"信息采集表

项目建设学校全称		
维度 1:地方性政策制度		
视角(1-1)		
绩效目标设定中有无对应的三级指标	□有(请详细填写下列绩效目标设定情况) □无	
绩效目标的设定	指标编码及名称	指标值
对应的三级指标 · 质量指标(可加行)		
对应的三级指标 · 社会效益指标(可加行)		
对应的三级指标 · ………		
情况说明	(不超过 500 字)	
佐证材料目录		
维度 2:地方政府主要领导联系学校机制的建立与运行		
视角(2-1)		
绩效目标中有无对应的三级指标	□有(请详细填写下列绩效目标设定情况) □无	
绩效目标的设定	指标编码及名称	指标值
对应的三级指标 · 质量指标(可加行)		
对应的三级指标 · 社会效益指标(可加行)		
对应的三级指标 · ………		
情况说明	(不超过 500 字)	

续　表

佐证材料目录			

维度 3:地方政府主导共建的技术技能人才培养及创新与服务平台

视角(3-1)			
绩效目标设定中有无对应的三级指标		□有(请详细填写下列绩效目标设定情况)　□无	
绩效目标的设定		指标编码及名称	指标值
对应的三级指标	质量指标(可加行)		
	社会效益指标(可加行)		
	……		
情况说明	(不超过500字)		
佐证材料目录			

维度 4:人财物的投入

视角(4-1)			
绩效目标设定中有无对应的三级指标		□有(请详细填写下列绩效目标设定情况)　□无	
绩效目标的设定		指标编码及名称	指标值
对应的三级指标	质量指标(可加行)		
	社会效益指标(可加行)		
	……		
情况说明	(不超过500字)		
佐证材料目录			

6.教育部办公厅 财政部办公厅关于开展中国特色高水平高职学校和专业建设计划中期绩效评价工作的通知

教职成厅函〔2022〕10 号

各省、自治区、直辖市教育厅(教委)、财政厅(局),新疆生产建设兵团教育局、财政局:

为贯彻落实全国职业教育大会精神,根据《中共中央办公厅 国务院办公厅印发〈关于推动现代职业教育高质量发展的意见〉的通知》《教育部 财政部关于实施中国特色高水平高职学校和专业建设计划的意见》(教职成〔2019〕5 号,以下简称《实施意见》)和《教育部 财政部关于印发〈中国特色高水平高职学校和专业建设计划绩效管理暂行办法〉的通知》(教职成〔2020〕8 号,以下简称《绩效管理办法》),现就中国特色高水平高职学校和专业建设计划(以下简称"双高计划")中期绩效评价工作有关事宜通知如下。

一、总体安排

本次中期绩效评价工作采取以"双高计划"建设单位(以下简称建设单位)自评为基础、省级评价为重点、教育部和财政部两部评价为引导,自下而上、上下结合的方式进行,主要工作环节如下(具体进度安排见附件 1)。

(一)5 月 15 日前各地完成省级评价方案制定。各省级教育行政部门、财政部门按照《实施意见》《绩效管理办法》相关要求,结合本地实

75

际,制定"双高计划"中期绩效评价工作方案(含工作安排、评价指标体系),并于 5 月 15 日前上传至中国特色高水平高职学校和专业建设计划项目监测平台(http://sg.cutech.edu.cn,以下简称监测平台),并通知各建设单位实施。

(二)5 月 30 日前完成建设单位自评。各建设单位按照省级工作方案要求,对照已备案的任务书(建设方案和任务书原则上不作调整。建设过程中确需调整的,建设单位须说明具体调整内容及原因,并经省级教育、财政部门同意核准盖章后报两部备案),在监测平台填报 2021 年度绩效数据,组织开展中期绩效自评并撰写自评报告(自评报告内容截至 2021 年底,参考提纲见附件 2)。自评报告须在学校网站显著位置公示一周(隐匿不宜公开信息),于 5 月 30 日前盖学校公章、报省级教育行政部门,同步上传至监测平台,并有选择地填写《基于"双高绩效目标实现贡献度"信息采集表》《基于"高水平学校和专业群社会认可度"信息采集表》《基于"地方政府(含举办方)重视程度"信息采集表》(详见《绩效管理办法》)。

(三)6 月 30 日前完成省级评价。各省级教育行政部门、财政部门组织专家团队对建设单位开展省级评价打分,并撰写省级建设绩效中期评价报告(参考提纲见附件 3)。评价报告须加盖省级教育行政部门和财政部门公章,于 6 月 30 日前报教育部职业教育与成人教育司,同步上传至监测平台。

(四)7 月 30 日前完成两部评价。教育部会同财政部对各地、各建设单位开展中期绩效评价。

二、评价内容

中期绩效评价工作包括对建设单位绩效评价和对省级建设绩效评价两个方面。

(一)对建设单位的自评和省级评价内容

对建设单位的评价包括"建设单位自评、省级教育行政部门和财政部门组织的省级评价、教育部和财政部组织的两部评价"三个阶段,三个阶段的评价内容基本保持一致。

1.评价分类和指标体系

根据建设单位的类型不同,对建设单位的评价分为:高水平学校建设单位和高水平专业群建设单位两类。

对高水平学校建设单位评价,学校层面的评价分值占比50%,2个专业群的评价分值各占比25%;对高水平专业群建设单位的评价,学校层面的评价分值占比30%,专业群的评价分值占比70%。学校层面的评价指标以《双高学校建设数据采集表》(详见《绩效管理办法》附件1)为参考,专业群的绩效评价指标以《高水平专业群建设数据采集表》(详见《绩效管理办法》附件2)指标为参考。具体评价指标体系与权重设置见附件4,各地可结合实际在此基础上细化调整。

2.绩效评价重点

各建设单位的建设方案和任务书的落实情况;承担改革发展任务和发挥引领作用的成果成效,包括但不限于支撑国家战略、服务区域发展的贡献度,社会服务尤其是技术服务的成效,社会影响力,人才培养模式创新,产教融合、校企合作的机制创新,学生成长成才,项目管理制度与机制建设,资金到位和执行情况等。

3.指标数据来源

绩效评价数据来源包括但不限于各建设单位自评材料、绩效平台填报数据、人才培养工作状态数据、公开发布的数据以及专家进校核实的有关情况等。

(二)两部对省级建设的评价内容

对省级建设的评价主要由教育部、财政部统一组织,评价包括两方面内容:

1.省级管理情况的评价分值占 20％。重点评价地方对"双高计划"建设的政策支持和落实情况,资金支持和执行情况,推进机制和运行情况。

2.各地建设单位建设情况的评价分值占 80％。

三、评价方式

(一)建设单位自评

由各建设单位自行组织。采用定量与定性评价相结合的评价方法,总分由各项指标得分汇总形成。定量指标得分按照以下方法评定:与任务和绩效指标值相比,完成指标值的,记该指标所赋全部分值;未完成指标值的,按照完成值与指标值的比例记分。定性指标得分按照以下方法评定:根据指标完成情况分为达成指标、部分达成指标并取得一定效果、未达成指标且效果较差三档,分别按照该指标对应分值区间 100％—80％(含)、80％—60％(含)、60％—0％合理确定分值。(省级评价与两部评价,分值评价方法与单位自评相同)

(二)省级评价

由省级教育行政部门、财政部门共同组织,采取专家组线上评价和进校实地考察相结合的方式,在单位自评基础上,对建设单位进行打分和评价。

(三)两部评价

由教育部、财政部共同组织。由职业教育专家、绩效评价专家和相关行业专家组成专家组,按两部共同制定的绩效评价标准,对建设单位和各省管理情况进行综合打分。两部根据专家组绩效评价结论建议,确定绩效评价结果,在教育部政府门户网站公示 5 个工作日。

四、评价结果及应用

(一)评价结果

评价结果采取评分和评级相结合的方式。总分设置为 100 分,等级划分为四档:90(含)—100 分为"优"、80(含)—90 分为"良"、60(含)—80 分为"中"、60 分以下为"差"。

(二)评价结果应用

1.对两部最终评价等级为"优""良"的建设单位,两部继续予以支持。

2.对评价等级为"中"或出现下列情形的建设单位,限期整改,调减项目经费支持额度,并在建设期满的终期绩效评价结果中予以体现。主要包括:建设进展缓慢,整体进度达不到预期目标的 60% 的;降低建设目标,减少建设任务或预算的;资金未按建设进度足额到位的,资金使用不符合有关要求的;报送信息失实,比较严重的。

3.对评价等级为"差"或出现下列情形的建设单位,两部中止支持建设,使其退出"双高计划",且不得再次申请。主要包括:学校违背立德树人根本任务,在思想政治工作上出现重大问题的;偏离国家"双高计划"总体目标、社会贡献度明显较弱或建设任务不到预期目标的

30％的;报送信息严重失真,影响恶劣的。

两部的最终评价结果作为下一阶段现代职业教育质量提升计划资金分配的重要依据。

联系人及电话:

教育部职业教育与成人教育司	李恒 010-66097867
教育部财务司	陈磊 010-66096351
财政部科教文司	李文进 010-68551167
监测平台	赵艳玲 18618260029

附件:1.中期绩效评价工作进度表

2.××学校"双高计划"中期自评报告参考提纲

3.××省(自治区、直辖市)"双高计划"建设绩效中期评价报告参考提纲

4.对建设单位中期绩效评价的参考指标体系

教育部办公厅　财政部办公厅

2022 年 4 月 22 日

附件 1

中期绩效评价工作进度表

时间	工作任务	工作内容
5月15日前完成	各地制定省级工作方案	各地教育行政部门、财政部门制定中期评价省级工作方案,上传至监测平台,并通知本地建设单位实施
5月30日前完成	建设单位自评	1.建设单位在监测平台填报2021年度绩效数据; 2.建设单位撰写自评报告并公示一周; 3.建设单位将自评报告报省级教育行政部门,并上传至监测平台; 4.建设单位在监测平台有选择的填写相关采集表
6月30日前完成	省级评价	1.各省级教育行政部门、财政部门组织专家团队完成对建设单位的省级评价; 2.将省级评价报告盖章报送教育部,并上传至监测平台
7月30日前完成	两部评价	教育部会同财政部组织专家组对197所项目建设单位、29个省份"双高计划"实施情况进行中期绩效评价

附件 2

××学校"双高计划"中期自评报告参考提纲

（报告总字数控制在 15000 字以内）

一、总体实现程度概述

（一）总体目标的实现程度及效果概述

（二）项目经费到位和执行情况概述

二、学校层面任务及绩效指标完成情况

（一）产出情况

围绕加强党的建设、打造技术技能人才培养高地、打造技术技能创新服务平台、打造高水平专业群、打造高水平双师队伍、提升校企合作水平、提升服务发展水平、提升学校治理水平、提升信息化水平和提升国际化水平等十大任务，对学校层面的任务完成进度、绩效指标产出数量和质量等进行总结自评，突出各项任务取得的标志性成果与成效。

（二）贡献度情况

从社会效益、可持续影响等方面总结自评，突出学校在引领职业教育改革发展和增强适应性，服务国家战略和地方经济社会发展，推动形成国家层面支撑职业教育高质量发展的政策、制度、标准等方面取得的标志性成果与成效。

（三）社会认可度情况

从在校生满意度、毕业生满意度、教职工满意度、用人单位满意度、家长满意度等角度，对学校整体情况进行评价。

三、专业群层面任务及绩效指标完成情况

（一）产出情况

围绕人才培养模式创新、课程教学资源建设、教材与教法改革、教师教学创新团队、实践教学基地、技术技能平台、社会服务、国际合作与交流、可持续发展保障机制等九项任务，对专业群的完成进度、绩效指标产出数量和质量等方面进行总结自评，突出各项任务取得的标志性成果与成效。

（二）贡献度情况

从社会效益、可持续影响等方面总结自评，突出专业群在引领国内同类专业建设，服务国家战略新兴产业、区域支柱产业发展，资源、标准和平台建设等方面取得的进展与成效。

（三）社会认可度情况

围绕在校生满意度、毕业生满意度、教职工满意度、用人单位满意度、家长满意度等角度，对专业群内相关专业进行评价。

四、实现绩效目标采取的措施

(一)项目推进机制建设与运行情况

包括推进学校层面和专业群建设两个方面的组织管理、制度建设及运行情况。

(二)项目资金管理制度与执行情况

包括项目经费投入机制、资金管理制度、预算编制与执行、资金使用等情况。（可按学校层面和专业群建设两个方面进行评价）

五、特色经验与做法

在推动学校和专业群高质量发展方面凸显"高"、彰显"强"、体现"特"，有示范引领和推广应用价值的特色经验与做法，3—5个方面。

六、问题与改进措施

对未完成或偏离绩效目标的原因以及发现的问题进行分析，并提出改进措施。

七、其他需要特别说明的有关事宜(可选项)

包括省级评价方案要求提供的相关材料，有关工作建议以及其他需要说明的情况。

附件：佐证材料目录清单（具体内容通过监测平台上传）

附件 3

××省(自治区、直辖市)"双高计划"
建设绩效中期评价报告参考提纲

（报告总字数控制在 10000 字以内）

一、地方推进"双高计划"建设的情况

（一）本地建设国家"双高计划"建设的总体情况和工作机制

（二）本地建设国家"双高计划"建设的政策支持和实施情况

（三）本地建设国家"双高计划"建设的资金支持和执行情况

（四）本地建设国家"双高计划"建设的绩效管理和执行情况

二、地方对"双高计划"建设单位的中期评价情况 (附相关实施材料)

（一）本地对"双高计划"建设单位中期评价组织与实施情况

（二）本地对"双高计划"建设单位中期评价的结果（包括对各建设单位的评价得分与相关分析）

（三）本地绩效评价结果应用拟采取的主要措施

三、成效、问题与下一步工作考虑

（一）本地建设国家"双高计划"的经验与成效

（二）本地建设国家"双高计划"的不足及成因

（三）下一步工作考虑

附件 4

对建设单位中期绩效评价的参考指标体系

评价方面	一级指标	二级指标	三级指标
对学校层面的建设任务评分（满分 100 分）	1.产出指标(50%)	1.1 数量指标(20%)	参照《双高学校数据采集表》，结合各省情况制定
		1.2 质量指标(20%)	
		1.3 时效指标(10%)	
	2.效益指标(30%)	2.1 社会效益指标(15%)	
		2.2 可持续影响指标(15%)	
	3.满意度指标(10%)	3.1 服务对象满意度指标(10%)	
	4.管理与执行指标(10%)	4.1 资金管理指标(5%)	
		4.2 项目管理指标(5%)	
对专业层面的建设任务评分（满分 100 分）	1.产出指标(50%)	1.1 数量指标(20%)	参照《高水平专业（群）建设数据采集表》，结合各省情况制定
		1.2 质量指标(20%)	
		1.3 时效指标(10%)	
	2.效益指标(30%)	2.1 社会效益指标(15%)	
		2.2 可持续影响指标(15%)	
	3.满意度指标(10%)	3.1 服务对象满意度指标(10%)	
	4.管理与执行指标(10%)	4.1 资金管理指标(5%)	
		4.2 项目管理指标(5%)	

高水平学校建设单位评分＝对学校层面的建设任务评分＊50%＋2 个专业群评分之和＊25%

高水平专业群建设单位评分＝对学校层面的建设任务评分＊30%＋1 个专业群评分＊70%

7. 教育部办公厅 财政部办公厅关于公布中国特色高水平高职学校和专业建设计划中期绩效评价结果的通知

教职成厅函〔2023〕3 号

有关省、自治区、直辖市教育厅（教委）、财政厅（局），新疆生产建设兵团教育局、财政局：

根据《教育部办公厅 财政部办公厅关于开展中国特色高水平高职学校和专业建设计划中期绩效评价工作的通知》（教职成厅函〔2022〕10 号）要求，经综合评议、审核公示，现对中国特色高水平高职学校和专业建设计划（简称"双高计划"）中期绩效评价结果予以公布。

请有关省级教育行政部门将本通知转发至本地区"双高计划"建设单位。有关地方要高度重视"双高计划"持续推进和整改提高工作，督促各建设单位根据专家意见和本次绩效评价中发现的问题，持续加强改进，高质量完成建设任务。整改情况将作为终结期满绩效评价的内容。

附件：中国特色高水平高职学校和专业建设计划中期绩效评价等级

教育部办公厅 财政部办公厅
2023 年 1 月 30 日

附件

中国特色高水平高职学校和专业建设计划中期绩效评价等级

序号	建设单位名称	类型	评价等级
1	北京电子科技职业学院	学校 A	优
2	天津职业大学(天津市职业大学)	学校 A	优
3	江苏农林职业技术学院	学校 A	优
4	无锡职业技术学院	学校 A	优
5	金华职业技术学院	学校 A	优
6	浙江机电职业技术学院	学校 A	优
7	山东商业职业技术学院	学校 A	优
8	黄河水利职业技术学院	学校 A	优
9	深圳职业技术学院	学校 A	优
10	陕西工业职业技术学院	学校 A	优
11	北京工业职业技术学院	学校 B	优
12	天津医学高等专科学校	学校 B	优
13	河北工业职业技术大学(河北工业职业技术学院)	学校 B	优
14	辽宁省交通高等专科学校	学校 B	优
15	常州信息职业技术学院	学校 B	优
16	江苏农牧科技职业学院	学校 B	优
17	南京信息职业技术学院	学校 B	优
18	杭州职业技术学院	学校 B	优
19	宁波职业技术学院	学校 B	优
20	浙江金融职业学院	学校 B	优
21	日照职业技术学院	学校 B	优
22	淄博职业学院	学校 B	优
23	长沙民政职业技术学院	学校 B	优
24	广东轻工职业技术学院	学校 B	优

序号	建设单位名称	类型	评价等级
25	广州番禺职业技术学院	学校 B	优
26	深圳信息职业技术学院	学校 B	优
27	顺德职业技术学院	学校 B	优
28	重庆电子工程职业学院	学校 B	优
29	重庆工业职业技术学院	学校 B	优
30	杨凌职业技术学院	学校 B	优
31	北京财贸职业学院	学校 C	良
32	天津轻工职业技术学院	学校 C	优
33	山西省财政税务专科学校	学校 C	优
34	内蒙古机电职业技术学院	学校 C	良
35	长春汽车工业高等专科学校	学校 C	优
36	哈尔滨职业技术学院	学校 C	优
37	上海工艺美术职业学院	学校 C	优
38	常州机电职业技术学院	学校 C	优
39	江苏经贸职业技术学院	学校 C	优
40	温州职业技术学院	学校 C	优
41	芜湖职业技术学院	学校 C	优
42	福建船政交通职业学院	学校 C	优
43	九江职业技术学院	学校 C	优
44	滨州职业学院	学校 C	优
45	武汉船舶职业技术学院	学校 C	优
46	湖南铁道职业技术学院	学校 C	优
47	南宁职业技术学院	学校 C	优
48	海南经贸职业技术学院	学校 C	良
49	四川工程职业技术学院	学校 C	优

序号	建设单位名称	类型	评价等级
50	贵州交通职业技术学院	学校 C	优
51	昆明冶金高等专科学校	学校 C	良
52	陕西铁路工程职业技术学院	学校 C	优
53	西安航空职业技术学院	学校 C	优
54	兰州资源环境职业技术大学（兰州资源环境职业技术学院）	学校 C	优
55	宁夏职业技术学院	学校 C	优
56	新疆农业职业技术学院	学校 C	良
57	北京农业职业学院	专业群 A	优
58	北京信息职业技术学院	专业群 A	优
59	天津电子信息职业技术学院	专业群 A	优
60	天津现代职业技术学院	专业群 A	优
61	河北科技工程职业技术大学（邢台职业技术学院）	专业群 A	优
62	山西工程职业学院	专业群 A	优
63	辽宁农业职业技术学院	专业群 A	优
64	长春职业技术学院	专业群 A	优
65	黑龙江建筑职业技术学院	专业群 A	优
66	黑龙江农业经济职业学院	专业群 A	优
67	江苏建筑职业技术学院	专业群 A	优
68	浙江建设职业技术学院	专业群 A	优
69	安徽机电职业技术学院	专业群 A	优
70	安徽商贸职业技术学院	专业群 A	优
71	福建信息职业技术学院	专业群 A	优
72	江西应用技术职业学院	专业群 A	优
73	山东科技职业学院	专业群 A	优
74	黄冈职业技术学院	专业群 A	优

序号	建设单位名称	类型	评价等级
75	武汉职业技术学院	专业群 A	优
76	湖南工业职业技术学院	专业群 A	优
77	湖南工艺美术职业学院	专业群 A	优
78	湖南汽车工程职业学院	专业群 A	优
79	重庆城市管理职业学院	专业群 A	良
80	成都航空职业技术学院	专业群 A	优
81	四川交通职业技术学院	专业群 A	优
82	兰州石化职业技术大学(兰州石化职业技术学院)	专业群 A	优
83	北京劳动保障职业学院	专业群 B	优
84	天津交通职业学院	专业群 B	优
85	石家庄铁路职业技术学院	专业群 B	优
86	唐山工业职业技术学院	专业群 B	优
87	山西机电职业技术学院	专业群 B	优
88	山西职业技术学院	专业群 B	优
89	内蒙古化工职业学院	专业群 B	优
90	黑龙江职业学院	专业群 B	优
91	黑龙江农业工程职业学院	专业群 B	优
92	常州工程职业技术学院	专业群 B	优
93	江苏工程职业技术学院	专业群 B	优
94	江苏海事职业技术学院	专业群 B	优
95	江苏食品药品职业技术学院	专业群 B	优
96	江苏航运职业技术学院(南通航运职业技术学院)	专业群 B	优
97	苏州工艺美术职业技术学院	专业群 B	优
98	苏州农业职业技术学院	专业群 B	优
99	浙江交通职业技术学院	专业群 B	优

续　表

序号	建设单位名称	类型	评价等级
100	浙江经济职业技术学院	专业群B	优
101	浙江经贸职业技术学院	专业群B	优
102	浙江旅游职业学院	专业群B	优
103	安徽水利水电职业技术学院	专业群B	优
104	福州职业技术学院	专业群B	优
105	黎明职业大学	专业群B	优
106	漳州职业技术学院	专业群B	优
107	江西财经职业学院	专业群B	优
108	江西环境工程职业学院	专业群B	优
109	江西交通职业技术学院	专业群B	优
110	济南职业学院	专业群B	优
111	青岛职业技术学院	专业群B	优
112	山东畜牧兽医职业学院	专业群B	优
113	山东交通职业学院	专业群B	优
114	威海职业学院	专业群B	优
115	潍坊职业学院	专业群B	良
116	烟台职业学院	专业群B	优
117	河南工业职业技术学院	专业群B	优
118	河南农业职业学院	专业群B	优
119	河南职业技术学院	专业群B	优
120	许昌职业技术学院	专业群B	良
121	郑州铁路职业技术学院	专业群B	优
122	武汉铁路职业技术学院	专业群B	优
123	襄阳职业技术学院	专业群B	优
124	长沙航空职业技术学院	专业群B	优

序号	建设单位名称	类型	评价等级
125	湖南化工职业技术学院	专业群B	优
126	广东科学技术职业学院	专业群B	良
127	广东水利电力职业技术学院	专业群B	优
128	广州铁路职业技术学院	专业群B	优
129	广西职业技术学院	专业群B	优
130	柳州职业技术学院	专业群B	优
131	重庆电力高等专科学校	专业群B	良
132	重庆工程职业技术学院	专业群B	优
133	重庆工商职业学院	专业群B	优
134	成都纺织高等专科学校	专业群B	优
135	成都职业技术学院	专业群B	优
136	四川建筑职业技术学院	专业群B	优
137	铜仁职业技术学院	专业群B	优
138	陕西国防工业职业技术学院	专业群B	优
139	陕西职业技术学院	专业群B	优
140	酒泉职业技术学院	专业群B	优
141	宁夏工商职业技术学院	专业群B	优
142	北京交通运输职业学院	专业群C	优
143	天津渤海职业技术学院	专业群C	良
144	沧州医学高等专科学校	专业群C	良
145	河北石油职业技术大学(承德石油高等专科学校)	专业群C	优
146	河北化工医药职业技术学院	专业群C	优
147	秦皇岛职业技术学院	专业群C	良
148	石家庄邮电职业技术学院	专业群C	优
149	石家庄职业技术学院	专业群C	良

序号	建设单位名称	类型	评价等级
150	内蒙古建筑职业技术学院	专业群 C	优
151	渤海船舶职业学院	专业群 C	良
152	辽宁机电职业技术学院	专业群 C	优
153	辽宁经济职业技术学院	专业群 C	良
154	沈阳职业技术学院	专业群 C	优
155	吉林交通职业技术学院	专业群 C	优
156	吉林铁道职业技术学院	专业群 C	良
157	哈尔滨铁道职业技术学院	专业群 C	优
158	南京铁道职业技术学院	专业群 C	良
159	南通职业大学	专业群 C	良
160	苏州工业职业技术学院	专业群 C	良
161	无锡商业职业技术学院	专业群 C	优
162	徐州工业职业技术学院	专业群 C	优
163	浙江工贸职业技术学院	专业群 C	优
164	浙江警官职业学院	专业群 C	良
165	浙江商业职业技术学院	专业群 C	优
166	浙江艺术职业学院	专业群 C	良
167	安徽医学高等专科学校	专业群 C	良
168	江西外语外贸职业学院	专业群 C	良
169	东营职业学院	专业群 C	优
170	青岛酒店管理职业技术学院	专业群 C	优
171	山东职业学院	专业群 C	优
172	湖北交通职业技术学院	专业群 C	良
173	湖北职业技术学院	专业群 C	良
174	武汉电力职业技术学院	专业群 C	优

序号	建设单位名称	类型	评价等级
175	长沙商贸旅游职业技术学院	专业群 C	良
176	湖南交通职业技术学院	专业群 C	良
177	湖南生物机电职业技术学院	专业群 C	良
178	岳阳职业技术学院	专业群 C	优
179	东莞职业技术学院	专业群 C	优
180	广东工贸职业技术学院	专业群 C	优
181	广东机电职业技术学院	专业群 C	优
182	广东食品药品职业学院	专业群 C	良
183	广州民航职业技术学院	专业群 C	良
184	中山火炬职业技术学院	专业群 C	优
185	广西建设职业技术学院	专业群 C	优
186	重庆航天职业技术学院	专业群 C	良
187	重庆三峡医药高等专科学校	专业群 C	优
188	重庆三峡职业学院	专业群 C	良
189	重庆医药高等专科学校	专业群 C	优
190	成都农业科技职业学院	专业群 C	良
191	四川邮电职业技术学院	专业群 C	优
192	贵州轻工职业技术学院	专业群 C	优
193	昆明工业职业技术学院	专业群 C	良
194	云南机电职业技术学院	专业群 C	良
195	陕西能源职业技术学院	专业群 C	优
196	咸阳职业技术学院	专业群 C	优
197	新疆轻工职业技术学院	专业群 C	良

第二编 ————————————

思考与探索

1. 高水平高职院校建设理念与思路研究

周建松

随着我国建设世界一流大学和一流学科方案的公布和实施,各省(自治区、直辖市)优质高职院校建设工作全面启动,我国高等职业教育下一步如何推进重点建设的种种设想也逐渐浮出水面,高水平高职院校建设正提上议事日程。与此同时,高水平高职院校如何认定、高水平高职院校如何建设等问题也成为专家学者和高职院校领导关注的兴奋点。本文拟从院校层面提出高水平高职院校建设理念与思路,供决策者、研究者和建设者参考。

一、来自不同渠道的信息与期待

关于高水平高职院校建设,较早起源于国家示范骨干院校建设完成后人们的议论,早在 2014 年全国职业教育工作会议召开前夕,人们就对此进行了比较广泛的研讨和分析。2015 年教育部印发《高等职业教育创新发展行动计划(2015—2018 年)》后,人们把目光集聚到优质高职院校建设上。但由于优质高职院校建设方面迟迟没有出台具体方案,引发人们无限遐想。自 2015 年底尤其是 2016 年以来,国家实施世界一流大学和一流学科建设方略,进一步引发了人们对高职院校创新发展的联想。直到 2017 年 1 月《国家教育事业发展"十三五"规划》(国发〔2017〕4 号)的印发,人们对高水平高职院校建设有了新的认识和要求。

(一)一流大学建设伴随着一流高职院校建设

高等职业教育是高等教育的一个重要类型,国家鼓励高等教育分类管理,在各自领域安于其位、办出特色、办出水平。正因为这样,有一流大学建设,自然也应该有一流高职院校建设,更何况,在许多场合,不少学者和政府官员都认为,中国的高等职业教育有其自身特色,最有可能办成世界一流的教育。这不仅是高职人的朴素想法,而且在实践中已有所体现,如中共陕西省委办公厅、陕西省人民政府办公厅就推出了一流大学、一流学科、一流学院、一流专业(简称"四个一流")建设计划,并提出了具体举措。这种情形的出现符合常人分析问题的逻辑,也反映出高职人争先创优的姿态。

(二)优质高职院校建设即一流高职院校建设

由于优质高职院校建设是在国家示范院校建设近 10 年后实施的,

与当年国家示范院校建设相比,高职院校的办学条件、师资队伍、办学治校水平、专业建设水准等社会服务能力都有了较大的提高。正因为这样,教育行政主管部门、财政部门、学校都把优质高职院校建设的目标瞄准在国内乃至国际一流上,关于这一点,不仅沿海发达地区如此,中西部地区也基本如此。如浙江、山东等省明确把其中重点建设的学校目标放到了全国第一方阵和国际先进水平上;而地处改革开放第一线的广东省,则直接把优质高职院校建设行动定义为一流高职院校建设计划,要求高职院校服务发展、改革驱动、争创一流。具体来说,就是要支持部分办学实力强、社会认可度高的高职院校,汇聚优质资源、打造一流师资、建设一流专业、培养一流人才、产出一流成果,全力创建全国一流、世界有影响的高职院校。而山东省在其建设目标中也提出,通过优质院校建设,使高职院校具有一流的专业、一流的师资、一流的管理、一流的条件和一流的社会服务。

(三)《国家教育事业发展"十三五"规划》的考量

当教育实务领域还在对高职优质院校建设等问题进行争论之际,2017 年 1 月 10 日发布的《国家教育事业发展"十三五"规划》正式印发,《规划》第四部分中,"加快发展现代职业教育"部分提出:按照鼓励竞争、扶优扶强的原则,通过与行业企业合作,集中力量建设一批高水平职业学校,并明确由教育部、国家发改委、财政部负责。与此同时,《规划》还以专栏 7"高水平职业学校建设"对其进行了描述:围绕深化产教融合、校企合作、工学结合主线,支持 100 所左右高等职业学校和1000 所左右中等职业学校建设,改善基本办学和实习实训条件,强化国家重点领域产业和区域支柱产业相关专业建设,重点提升学校服务学历教育、社区教育、职工教育培训等能力,建成一批人才培养、科技创新、专业建设与产业融合发展的高水平职业学校。这不仅明确了建设的重点内容和要求,而且给出了数量指标。

(四)马树超教授的观点和思路

马树超教授是我国高等职业教育领域的著名专家,这些年在研究和参与相关政策制定方面影响较大,是许多政策文件的重要执笔者和很多建设项目的重要推动者。2016 年他又率先对优质高职院校进行了研究和思考,提出以产教融合为建设主线的理念,引起广泛关注和较多认同。此后马树超教授又在《2017 中国高等职业教育质量年度报告》发布会上明确提出了高职院校高水平建设的主要目标,即十个高水平:毕业生竞争力高水平、科研成果转化高水平、服务地方行业高水平、办学条件高水平、"双师型"师资队伍建设高水平、学生能得到高水平的个性化关注和指导、知名企业参与专业教学高水平、协同创新高水平、国际交流合作高水平、社会认可高水平。上述十个高水平代表了马教授对高水平高职院校的认知,也是新的历史条件下高职院校争先创优、努力追赶的目标和方向,从长期的趋势看,值得每一所高职院校认真思考和研究。

二、关于高水平高职院校建设的分析与思考

上述分析说明了政府和学界对高等职业教育创新发展的政策与认知,也从另一个侧面反映出社会对高等职业教育上水平、提质量的期待,应该是新阶段高等职业教育创新发展的重要工作内容。

(一)高水平高职院校是一个恰当的字眼

有不少学者认为,我国高等教育自 1998 年 5 月以来就有建设世界一流大学的目标,近年已经开始正式实施,作为高等教育的重要类型和"半壁江山",我国的高等职业教育也应该追求世界一流水平。我以为这在理解上有偏颇。一所学校能不能成为世界一流院校,必须有其

可比性,有可比的指标体系,综合性大学在这一点上具有较强的可比较性,尤其是理工、工科院校可比性更强。而高等职业教育作为一个类型,它的主要任务是服务经济社会发展、培养区域和行业所需要的技术技能人才,积极开展社区教育和职工培训,为区域中小微企业产品研发和科研创新服务。因此,以不同地区、不同行业为服务对象的高职院校虽也可进行比较,但实在很难完全比拼。至于中国的高职院校与国外同类型的学校相比,由于文化、学制、学校体制、教育体系不同,相互借鉴一些做法、交流一些有益经验可以,共同推动一些标准建设可以,但实在很难进行硬指标比较。正因为这样,高职院校很难使用世界一流这一概念,即使是国内一流这个概念也比较勉强。为推动高等职业教育办出特色、办出水平、创新发展,用高水平建设比较贴切,这也与国务院已经正式发布的文件相衔接,便于统一实施。事实上,早在 2014 年,教育部等六部门在《现代职业教育体系建设规划(2014—2020 年)》中,就明确提出到 2020 年要建成一批高水平职业院校,各类职业院校人才培养水平大幅提升,也就是说,高水平职业院校理念早已有之,关键是何时进行项目施工,何时开展名副其实的建设工作。

(二)高水平高职院校"高"在何处

高等职业院校的建设发展是一个综合性系统工程,虽然有可能"一俊遮百丑",但也有可能因特色鲜明而大放光彩,笔者认为,高水平高职院校应该有其综合性,主要包括:

1.条件论。关于怎样评价一所学校的好坏,学术界始终有不同说法,比较经典的名句是清华大学老校长梅贻琦所言:"所谓大学者,非谓有大楼之谓也,有大师之谓也。"梅校长强调了大师即高水平教师队伍建设的重要性,这无疑是十分重要的,但我以为,时至今日,我们不能再忽视办学条件建设的重要性。一所好的高职院校,必须有一个比较现代化、成规模的校园,有相应的建筑用房和校园用地,同时也应该有比较现代化的教学条件和实验实训实习设施,在信息化和互联网背景下,还应该有智慧教学的条件和技术支撑。当然,从高等职业教育的实际出发,我们同时也要求,高等职业院校应该是有形的现代化校园设施与一大批理念认同、合作紧密的校企合作伙伴的有机结合,必要时真正实现校内实训真实化(生产化)、校外实践教育化(工作化)。

2.专业论。基础教育看课程,大学教育看学科,职业教育看专业,高等职业院校既是高等教育的重要组成部分,也是职业教育的重要环节,它既要关注高等教育的要求,又要落实职业教育的重点,重视专业、关注学科应是其基本要求。正因为这样,一所好的高职院校,应该也必须有一大批高水平的专业来支持和支撑,如果一所高职院校号称高水平,而没有一大批招生就业两旺、产业背景牢固、校企合作紧密、师资实力雄厚、市场前景美好的专业和专业群做支撑,那么这所学校也只能是空中楼阁,所谓高水平也不可能得到持续。

3.师资论。无论一流专业、一流学科还是一流人才培养,都离不开教师队伍发挥的主导和引领作用,梅贻琦老校长的经典名言,说的就是师资队伍建设尤其是大师名师建设的重要性,要办好专业、育好人才,学校必须建设一支数量充裕、师德高尚、师艺精湛、师技科学的教师队伍,同时,必须拥有部分高水平领军人才和专业学科带头人,在专业理论和专业技能课领域,还应有一支实践经验丰富的教师队伍(即"双师型"教师队伍)。构建双师结构教学团队,学校应形成老中青相结合的较为合理的教师梯队,建立健全合理的教师培养体系,教师应具有良好的师德、较强的教育教学能力和技术研发能力,从而能很好地开展人才培养、科学研究、社会服务、文化传承创新及国际交流与合作。

4.品质论。建设一批高水平高职院校,必须关注学校的品牌和品质,从品质层面看,学校的历史及其积淀,学校的社会声誉及社会影响,办学治校的水平,学校的办学治校理念以及文化建设,等等,都是必不可少的,因为建成一所高水平的院校是一个日积月累的过程,虽不一定要历史久远,但必须有一定积淀。学校本身是一个文化机构,应该有文化积淀,在历史的积淀过程中,积累师资队伍、积累校友资源、积累办学治校理念、积累教书育人文化、积累外部社会资源、积累办学治校经验、积累学校社会声誉、积累学校发展支持机制,从而彰显高水平学校的实力和魅力。

5.校友论。习近平总书记曾经指出,只有培养出一流人才的高校,才能够成为世界一流大学。校友论主要是就学生发展角度而言,高等职业院校办学治校水平高低,其突出的衡量指标是校友。校友既是学校办学治校的成果,也是支持学校长期发展的重要力量,世界上大凡成功的学校都有优秀的校友来彰显。同理,衡量一所学校办得是否成功,也要看其是否培养和造就了一批又一批杰出和优秀人才即校友。正因为这样,建立在学生成长成才基础上的校友发展状况或校友力,应该是衡量一所学校办学水平的重要标志之一,也是遴选高水平学校建设计划的重点内容之一。

6.服务论。在讨论研究高等职业院校发展理念和评价高等职业院校发展水平时,人们也提出了高等职业院校服务能力的问题。人才培养能力以外,将服务区域和行业发展能力、国际合作与交流能力等也纳入其中,尤其是面向地方行业和区域的培训能力和水平,服务区域中小企业的产品研发能力,横向课题到款、专利及技术发明情况,学校参与区域和行业公共活动及其贡献度,学校在区域和行业文化建设及文化发展进程中的参与度与贡献度等,也是十分重要的。

除此之外,不少专家学者也十分关注学校服务"一带一路"、"中国制造2025"、精准扶贫、国际交流与合作等的情况,当然,也有专家学者关注学校在评优评奖项目中的表现,特别是党政群的评优评先项目以及教科研的获奖立项项目,认为这也与学校办学水平息息相关。

(三)高水平高职院校不可突破的底线

我们在研究和遴选高水平高职院校的时候,不仅要关注衡量办学水平高低的正向指标,同时也要考虑一些反向指标,这就是我们所说的一票否决的内容。

1.政治站位上出现偏差者否之。所谓政治站位偏差者主要是指"四个意识"出现偏差,党的领导意识出偏差,近年来出现了较大政治事件、较大公共安全事件、较大意识形态事件,背离了在中国共产党领导下扎根中国大地办中国特色社会主义高校的宗旨和要义。

2.办学定位严重偏差者纠之。高等职业教育是我国高等教育的一个类型,也是现代职业教育体系的重要层次,必须坚持高教性与职教性的统一,必须坚持职业教育的基本方向,以服务为宗旨,以就业为导向,走产学研相结合的道路,以为行业或区域培养技术技能型人才为基本使命,必须正确定位,否则也难以纳入高水平高职院校立项建设。

3.校风教风学风不佳者拒之。办好中国特色社会主义高校,必须坚持马克思主义指导地位,培育和践行社会主义核心价值观,特别是要保持学校和谐稳定,保持良好教风学风和校风,努力为人民服务,为中国共产党治国理政服务,为中国特色社会主义制度服务,为改革开放和社会主义现代化建设服务,这是确立和引导建设好校风的基本点。存在严重不协调、不对称情况的,在高水平高职院校建设中,应将其拒之门外。

三、扎实有效抓好高水平高职院校建设

事实上,关于优质高职院校和高水平高职院校建设,教育行政部门曾有过明确表述,在《高等职业教育创新发展行动计划(2015—2018年)》第二部分第二条,教育部提出优质高职院校的建设要求即

鼓励支持地方建设一批办学定位准确、专业特色鲜明、社会服务能力强、综合办学水平领先、与地方经济社会发展需要契合度高、行业优势突出的优质专科高等职业院校。同时,明确建设重点是持续深化教育教学改革,大幅提升技术创新服务能力,实质性扩大国际交流合作,培养杰出技术技能人才,增强专业教师和毕业生在行业企业的影响力,提升学校对产业发展的贡献度,争创国际先进水平。而国务院发布的《国家教育事业发展"十三五"规划》,开宗明义谈了高水平职业院校建设,是站在整个职业院校视角,高的色彩不甚明显。结合前述分析和政策借鉴,结合示范建设和创新发展,结合发展现状和高职实情,笔者拟就高水平高职院校建设提出如下思考。

(一)必须把好办学方向,贯彻立德树人主线

高水平高职院校必须首先贯彻落实党中央的教育方针,党和国家关于教育工作的决策部署,认真学习贯彻习近平总书记系列重要讲话和治国理政新理念新思想新战略,特别是要把习近平总书记关于高等教育和职业教育的指示内化于心、外化于行,落实在行动上,体现在工作中,坚持做到在中国共产党领导下扎根中国大地办好中国特色社会主义高等职业院校,培养中国特色社会主义建设者和接班人。为此:一是要牢牢把握社会主义办学方向,坚持正确的办学方向,始终坚持保持学校和谐稳定,建设优良教风学风。二是要坚持把立德树人作为根本任务,明确德才兼备、以德为先的育人标准,真正培养德才兼备的社会主义合格建设者,防止培养无德无才的"废品"及有才无德的"危险品"和有德无才的"次品"。三是要加强素质教育,坚持专业教育和素质教育的有机融合,构建全方位主体化素质教育体系:重视思想政治教育,解决做人高度;重视人文素质教育,解决做人厚度;重视专业素质教育,解决做人深度;重视身体素质教育,解决做人长度;重视心理素质教育,解决做人宽度;重视创新创业教育,解决做人强度。

(二)必须坚持专业建设为龙头,打造一大批高水平专业

高水平专业是高水平高职院校的基石和基础,也是衡量和体现高职院校办学实力和水平的重要标志。在高水平高职院校建设过程中,必须立足专业、重视专业、加强专业,以一大批面向重点产业、服务行业企业、支持区域发展、办学综合条件好的高水平专业为支撑,要重视专业的定位和条件建设,重视专业人才培养机制建设,重视产教融合、校企合作的人才培养模式构建,以高水平专业来彰显高水平高职院校的实力和魅力。具体来说,一是要从区域行业发展要求和学校发展实际选好专业。重点建设专业应该是产业需求前景好,学校师资实力强,办学水平高,专业建设与行业契合度高,毕业生在岗位上发展前景佳,在同行业有一定影响力,经过建设可进一步提升水平和实力。二是要集中优势力量建设部分高水平专业。当前我国的高职院校大多进入千亩校园、万名学子阶段,招生专业数一般在 20—50 个之间,甚至达到 60—80 个的学校也不在少数,高水平专业必须注意正确选点,精力相对集中,优势相对突出,一般为 5—6 个,即使是综合性院校也不宜超过 10 个,要以重点专业带动专业群协同发展。三是重视专业运行机制建设。其突出要点是注重产教深度融合、校企融合,推动专业设置与产业需求对接、课程内容与职业标准对接、教学过程与生产过程对接,同时兼顾毕业证书与职业资格证书对接、职业教育与终身学习对接。四是要着力改善专业建设条件,提升专业建设能力,要加大硬件和软件投入,重视专业教师培养和梯队形成,重视专业办学实习实验实训条件投入和保障,提升专业服务学历教育、社区教育和职业教育培训的能力,同时,积极创造条件,提升专业技术创新和产品开发设计能力。五是要注重专业的影响带动作用,不仅要发挥高水平专业对专业群的带动作用,也要注重高水平专业对本校整体专业建设的带动作用,更要研究专业在全省和全国的地

位,真正培育和形成优势、特色,起到辐射引领全国乃至影响世界职业教育的作用。

(三)必须着力加强师资队伍建设,努力建设一支高水平教师队伍

教师队伍是学校最为宝贵的财富,更是办学治校的重要主体,山不在高、有仙则名,水不在深、有龙则灵,这也从某个角度说明了名师名家培育和建设在高等职业学校发展中的重要性。清华大学老校长梅贻琦曾留下经典名言,所谓大学者非大楼之谓也,而乃大师之谓也,这就说明,我们在推进高水平高职院校建设过程中,必须重视和加强高水平教师队伍建设,切实提高教师队伍水平。一是要着力解决好教师队伍数量不足尤其是高水平教师队伍缺乏的问题,重视教育行政部门和中央要求,配足配好教师队伍,实现数量充足、结构合理的要求。二是着力建设高水平专业建设带头人并形成梯队,以高职院校的专业建设为龙头,必须围绕专业、立足专业,培养和打造一批高水平专业带头人,充分发挥其在专业建设、人才培养、科学研究、社会服务方面的作用,使之成为政治上最为鲜红、社会上最受尊重、经济上最为优厚、党政部门最重视、社会各界最欢迎的优等人才。三是注重培养选拔高水平学术学科带头人,全面履行人才培养、科学研究、社会服务等各项职责,必须重视学术学科领军人才培养,从而推动科学研究和高水平成果的形成,彰显高水平学校的实力,为提升学校对区域和行业的贡献度创造条件。四是要重视国际化高端乃至领军人才培养,适应高等教育国际化,高水平高职院校提升国际化影响力、开展国际交流的需要,必须将建设一支既懂专业,又懂语言的高水平国际化人才队伍放在突出位置,并把它作为新时期师资队伍建设的重中之重抓紧抓实抓好。

(四)必须重视理念和文化,提升办学治校综合能力

高水平学校应该有高水平管理,有较好的办学治校和管理能力,

形成学校良性运行和可持续发展机制、体制和文化。一是要加强办学治校理念凝练和培育,围绕办什么样的学校、怎样办好学校、培养什么样的人、怎样培养人、为谁培养人、定什么样的位、怎样实现定位等基本问题进行实践、梳理、总结和凝练,使之既符合学校实际,又有利于指导未来。先进的办学理念是高水平学校的重要特征,也是高水平学校的宝贵财富,更是引领整个战线的先决条件,对过去是总结,对未来是展望,对内是行动纲领,对外是办学宣言。二是要加强学校文化建设,从物质、精神、制度、行为等多个视角研究和加强符合高职教育特点的文化梳理,形成强大的物质、程序和价值性文化,推动良好文化育人氛围和机制的形成。从文化建设到文化育人再到文化治理的进程,彰显高职院校作为文化机构的文化魅力,引领高职教育创新发展。三是重视现代学校治理体系建设,要坚持和完善党委领导下的校长负责制,正确界定党委统一领导和校长负责的关系,确保党在学校的领导权得到根本落实,完善学术委员会工作机制,合理界定学术权力和行政权力的关系,充分发挥学术委员会在学术建设、学术评价、学术发展中的作用。同时,要建立和完善教职工代表大会制度,充分发挥教代会民主管理和教师干部当家做主的作用,使学校形成和谐幸福的良好局面。四是要着力提升领导班子和中层干部的水平,既要按懂教育的社会主义政治家的标准来要求党委书记,也要按懂政治的教育家的标准来要求校长,坚持民主集中制,提高领导班子治校理政能力,加强中层干部队伍建设,建设一支忠诚、干净、担当、创新、实干、有为的干部队伍,发挥其在办学治校中的重要作用。五是要重视和加强党的建设和思想政治工作,要完善党建工作机制,发挥基层党组织政治功能,发挥共产党员先锋模范作用,要加强思想政治工作,办好思政理论课,注重全课程全课堂教育人,营造全员、全过程、全方位、全面育人良好氛围。

(五)必须突出学校服务能力,提升学校综合影响力

高等职业教育以服务为宗旨,以就业为导向,走产学研相结合的道路,从而促进学校良性可持续发展。作为高水平建设学校,必须围绕服务在提升服务能力上下功夫见成效。一是要坚持就业导向,提升专业学生就业创业能力,按照对口、顺利、优质就业的要求,抓好就业工作,努力提高毕业生就业力和创业成效,以优质就业来彰显专业建设水平和学校服务学生就业创业及学生发展的能力。二是要重视立地式和应用性研发,围绕产业发展需求、区域经济社会发展要求、行业战略实施需要乃至社区运行实际,积极开展并重视加强应用性研究,一方面可彰显学校教师的科研能力和科研实力,同时,也可切实增强学校服务行业企业、区域社会发展的能力和水平。三是重视高水平建设学校对同行的辐射示范和服务引领,重点建设是一个项目,高水平建设是一个局部,目的是要带动整个高职战线实现全面发展,真正实现从百花绽放到千花盛开,高水平院校一定要放眼全世界、立足全中国、观照中西部,在服务同行和战线中彰显高水平、强实力。

总之,高水平高职院校建设是一项系统工程,必须突出重点、强化特色,必须兼顾高教性、突出职教性,必须把准办学方向,突出专业建设,重视师资队伍建设和学校服务能力建设,切实提高办学治校水平。诚然,办学条件的改善,现代化校园的形成,智能化校园的建设,国际合作的深入推进是必需的、必要的,而学生成长成才应该是也必须是第一要务,对此,我们更要尽心尽力而为。

(来源:《职教论坛》2018 年第 1 期)

2.高水平高职院校内涵建设的六个着力点

董 刚

党的十九大报告做出了"中国特色社会主义进入新时代"的重大判断,鲜明地提出了中国特色社会主义的"四个自信",即道路自信、理论自信、制度自信和文化自信,具体落实到职业教育工作中来,就是要转化成"职教自信"。就高等职业教育领域而言,"职教自信"的获得从根本上讲,就是要做大、做强、做出特色,并在国际上形成一定的影响力、感召力和号召力,而开展中国特色高水平高职院校建设是重要路径。中国特色高水平高职院校的内涵主要涵盖六个方面。

一、办学定位准确是前提

办学定位是高水平高职院校建设的根本指引,立足高职教育实际,以服务地方经济社会发展为宗旨,重在培养能够在更大范围参与竞争与合作的发展型、复合型和创新型技术技能人才。发展是根本,复合是特征,创新是标高。"发展"指人的发展朝向未来的延伸性和向上突破的拓展性,除强化职业技能外要更注重人的全面发展,既"谋职"又"谋道",既适应现在又面向未来;"复合"是特征,复合型是高职人才培养的本质特征,承袭自职业教育的跨界性,强调多种技能复合,多种技能与技术的复合,具体表现为知能兼备、行思兼具和学做兼善;"创新"是标高,强调的是系统的创新教育,以培养学生的创新思维、创新手段和创新能力为目标。

二、治理水平先进是基石

纵观职业院校治理发展历程,从改革开放前的"政校合一"式治理发展到如今的"府管校办"式治理,再到今后"有限主导—合作共治"式治理,就是一个逐步回归职业院校办学自主权的探索过程。先进的治理水平是合理行使高职院校办学自主权的必要前提,可从两个方面着手推进:(1)加快治理结构改革,建立科学完善的高职院校内部治理结构,为平衡内部利益相关者之间在权责分配上的正式和非正式关系提供制度安排;(2)做好高职院校的顶层制度设计,建立完善的大学章程,科学分配内部治理结构和利益相关主体的权、责、利边界。

三、专业建设一流是关键

一流专业建设的最终目标是培养一流的人才,需要依托专业建设平台整合升级课程、教师、教学、学生及教学方法等资源。(1)培养规格的转型升级,旨在培养既有一定技术运用和革新能力,又有很强专业技能的技术技能型人才。(2)专业标准的转型升级,吸收《悉尼协议》等教育认证协议中的国际先进理念,主动对接国际先进标准。(3)人才培养方案的转型升级,围绕发展型、复合型和创新型三个特征要素,强调技术、注重技能、关注创新、兼顾人文和综合发展。(4)师资建设的转型升级,重视教师的行业气质培养,提升科技服务能力。(5)校内实训基地的转型升级,由单一技能训练向技能训练和技术研发并重转变。(6)教学评估内容的转型升级,评价主体引入第三方,注重学生的学业成果。

四、师生素质卓越是保障

高水平高职院校需要教师具备指导与咨询的知识与能力、教学专长、社会交往能力、研究能力以及自我发展能力，既能为"经师"（技术技能层面），又能为"人师"（精神品德层面）。因而，高水平高职院校要重视师德建设，重视团队建设，重视教学研究，重视对教师科研能力特别是应用技术研发能力的培养。从学生视角出发，好的生源是基础，后天培养是关键，其素质卓越主要在于高职院校为学生成长成才提供了多元化和个性化的发展路径。

五、社会服务优质是重点

优质的社会服务能力深植于地方性和行业性的凸显优势，是高水平高职院校建设目标的价值追求，可以从两个层面理解。（1）服务于国家重大发展战略，如服务"中国制造2025"，优化人力资源结构，为制造业向中高端迈进提供技术技能人才支撑；服务"一带一路"建设，伴随着中国企业"走出去"战略，面向全球化企业培养人才，积极推进"一带一路"沿线国家的产教协同；服务京津冀协同发展等区域发展战略，推动区域资源的共建共享等。（2）服务区域经济社会发展，如依据产业结构和发展趋势，建立专业伴随产业变化的动态调整机制；深度参与企业技术改造与更新，为企业创造新的经济增长点；主动开展技能补偿、提升教育与培训等，为区域经济社会发展提供强有力的智力支持。

六、办学特色鲜明是目标

特色鲜明是高水平高职院校建设目标的集中体现，是办学理念明确、办学定位精准、科学有效管理的显性成果,是高职院校区别于其他高等教育形式层次和类型的显著特征。(1)人才培养模式改革创新,紧扣深化产教融合发展主线,以高规格、高质量和高水平人才培养为导向,融合产学研合作机制,致力于提高人才培养模式和社会发展需求的适配度。(2)专业群和品牌专业建设,产业集群发展趋势内在要求专业的集群建设,同时启动特色专业群建设项目带动专业的品牌化,凸显高水平高职院校建设的品牌效应和集群优势。(3)国际化办学持续推进,坚持"引进来"和"走出去"并重原则,扩展合作范围,深化合作层次,升级合作形式,打造具有一定国际影响力的国内高水平高职院校,为中国特色高职教育发展模式输出而创新前行。

(来源:《中国高教研究》2018 年第 6 期)

3.高水平高职院校建设的"三大抓手"

胡正明

建设高水平高职院校既是对国家示范性高职院校建设成果的深化、转化和固化,也是新时代高职院校提升办学水平、聚焦内涵发展、增强社会服务能力的战略举措,同时也能回应社会公众对高标准、高质量、高水平高等职业教育资源的期待。在推进高水平高职院校建设的过程中,必须关注以下"三大抓手"。

一、高水平专业集群是高水平高职院校建设的重要基石

随着产业集群发展态势的显现,职业分化也将不断加剧,专业边际日益模糊,跨界技术交融成为普遍现实,各高职院校主动适应产业发展方式转变,由过去注重单一专业建设向注重专业集群建设转变。当前,高职院校在专业集群建设上已经迈出了坚实的步伐,也取得了一定的成效,但仍面临整合度不高、创新性不足、优势性不强等问题。因而,高职院校高水平专业集群建设需要从三个方面推进。(1)持续强化专业集群发展的理念,坚持专业群对接产业群、产业链的办学思路,不断扩大专业发展面,激发专业发展活力,提高人才培养应对产业变化的适应能力。(2)积极推动专业的有效整合,依据职业联系优化专业布局,形成主次分明、结构有序、优势互补的组织形态,从而提升专业集群的资源整合度;立足整体架构,尝试通过统筹课程设置、专业管理和实训基地建设等方式,实现专业间流程化和单元化的共享融合。(3)重点提升优势专业集群的综合实力,从能够体现高水平专业集群"高"的标志性成果出发,依托重大项目的牵引推动、关键领

113

域的突破创新、特色经验的凝练推广,发挥优势专业集群的示范辐射作用。

二、高端产教融合平台是高水平高职院校建设的主要载体

《关于深化产教融合的若干意见》和《职业学校校企合作促进办法》均从国家层面明确了校企合作的基本制度框架。与以往相比,高水平高职院校建设更应关注校企合作的高度和深度,高端产教融合平台必须满足三个基本原则。(1)有助于学生成才就业。这是高端产教融合平台育人功能的体现,要求高职院校必须基于学生的需求和利益,主动与技术先进、管理规范、社会责任感强的规模企业深度合作,建立产教融合的教学和人才培养机制。(2)有助于提升教师能力。高端产教融合平台必须满足教师教学水平、科研水平及社会服务能力提升的诉求;同时教师也应树立主人翁意识,积极参与高端产教融合平台的搭建和完善。(3)有助于扩大学校影响力。学校的影响力主要体现在学生质量高、科研实力强、服务社会能力优等方面,高端产教融合平台的搭建必须选择区域、行业的标杆企业作为合作对象,以便发挥优质资源集聚优势,提升高职院校的知名度和美誉度。

三、高质量人才队伍是高水平高职院校建设的根本保障

首先,高职院校实行高效率的引才策略,促进人才共享。加大高层次人才引进力度,完善政策制度及创新激励机制,优化人才聚集的"软环境";建立校企人才共享机制,通过在企业创设高层次人才工作站等方式,推动产学研深度结合。其次,构建高品质的用才环境,深化教师队伍建设。根据《关于全面深化新时代教师队伍建设改革的意见》等文

件精神,进一步加强师资队伍建设,坚持培育和使用并重的理念,扩展教师成才空间,健全教师培养培训制度,为教师创设专业化、个性化和多元化的职业生涯发展路径;结合岗位聘期考核,健全教师考核体系,细化岗位分类管理,健全考核机制。再次,拓宽高标准的聚才渠道,营造浓厚氛围。(1)依托学校重点专业、重点实训基地和技术研发中心等建设高层次人才发展创新平台,积极承担各级各类重大重点项目,为高层次人才发展创设广阔空间。(2)围绕技术攻关、教育教学、社会服务和科学研究等组建高层次人才协同创新团队,充分发挥高层次人才资源的引领和标杆作用,努力打造一批高标准且各具特色的协同团队,使其既成为技术技能积累高地的打造者,同时又是重大科研项目的攻关者。(3)从内外两个层面着手,多措并举营造浓厚学术氛围。鼓励优秀的高层次人才扩大研究视域,参与国际科研项目的合作研究,吸引外国专家学者来访学交流;引导教师树立共融共享、和谐发展的理念,积极参与营造关爱学生、关注教学、注重科研的良好氛围,全面支撑高水平高职院校建设目标。

(来源:《中国高教研究》2018 年第 6 期)

4. 高水平高职院校教育国际化的新要求

王振洪

当前我国正积极推进高水平高职院校建设,要把国际交流与合作作为重要的建设内容,赋予新时代高职教育国际化新内涵和新要求。

一、目标定位要立足新高度

打造一批具有国际交流能力和国际影响力的高职院校,是新时期高水平高职院校建设的重要目标,需要在教育国际化领域确立深远的目标定位。第一,要站在服务国家战略的高度,科学谋划高职院校在"一带一路"倡议中的责任、路径与策略,提升国际化的视野、思维和能力,切实通过国际化进程提升对外开放的广度和深度。第二,要对接"世界一流"的标准,勇当我国高职教育走向世界舞台的"领头雁",在国际教育的大环境中比对、竞争,通过充分参与国际竞争、充分输出高职教育优质资源来确立国际影响力和话语权。第三,要将教育国际化作为新时期提升学校综合办学水平的重要一极和内驱动力,把教育国际化上升为学校发展的战略规划,强化顶层设计,寻求突破口和立足点,形成以点带面的推进效应。第四,要主动接轨国际互认体系,结合自身办学特色与经验,重塑专业建设理念,再造专业建设流程,完善保障体系与支撑机制,全面提升专业建设的国际化水准。

二、人才培养要探索新模式

要树立国际化人才培养的核心价值追求和质量观,致力于探索国际化人才培养的新模式。(1)要以"质量＋标准"提升人才供给有效性，引进和参与开发国际行业、职业标准，既要把握"职业"特色精准发力施策，将国际化质量升级与建设高水平高职院校有机结合，又要把职业标准融入专业标准，建立以行业为主体的第三方认证机构，推进专业建设对接行业产业发展，提高人才支撑与智力支持的精准性和人才培养供给的有效性。(2)要以"专业＋语言"探索高职复合型人才培养模式，语言是学生走出国门、走向世界的"通行证"，在强化学生技能培养的同时，要整合发挥留学归国等具有国外教育背景的教师、外教这一师资优势，开发设置多语种及双语课程，供学生辅修、选修，切实解决好学生"懂技术不懂语言、懂语言不懂技术"的现实问题。(3)要以"学校＋企业"拓展国际化人才培养渠道，与"走出去"企业合作，共同制订面向"一带一路"沿线国家或企业海外分公司(生产基地)的人才输出订单培养计划，开展输出至海外的人才培养，将校企协同育人上升到国际化人才培养的新层面。(4)要探索具有自身特色的留学生教育，通过政府间合作、学校与政府合作、院校之间合作等多种方式，为"一带一路"沿线国家培养经济社会发展急需的技术技能人才。

三、平台建设要拓展新路径

(1)要提升"引进来"平台，从零散的课程、标准、师资等国际资源引进走向专业层面的合作办学，以深度对接的中外合作办学项目来集聚国际化的优质教学资源，进而积极探索"国际学院"架构的平台建设，营造整体、浓厚的教育国际化氛围，提升国际化人才系统培养的平台支持能力。(2)要拓展"走出去"平台。一方面，可根据区域分布或行业属性成立教育国际化联盟或海外办学机构，构建高职教育国际化海外布局的"1＋N"模式，走内部错位、外部整合、可复制化的新型高职教育国际化路径；另一方面，要紧紧抓牢地方产业、企业的国际化战略，以产教融合、校企合作模式与"走出去"企业合力推进国际化进程。作为高水平建设的高职院校,要以"排头兵"的角色拓展推进国际化项目,进而带动相关联盟成员"借船出海",根据项目需要选择性跟进参与或扩大充实项目的内容,在"头雁效应"的基础上形成"头雁带动群雁飞"的抱团发展效应。

四、服务引领要打造新品牌

服务能力是高水平高职院校办学影响力的重要标志,要积极打造国际化的服务品牌,以教育国际化来彰显高水平院校的服务引领。立足高职教育的类型特色,高水平高职院校建设可立足两个领域发挥服务优势。(1)打造技能培训的服务品牌,整合多专业、多技能的资源优势,积极在海外设立国际职业培训中心(或学院),设计与开发分行业、分类型的培训课程包。为进一步形成品牌和集聚效应,可学习借鉴"孔子学院"的办学及推广模式,打造诸如"工匠学院""鲁班工作坊"等具有中国特色的高职教育版"丝路学院",为"一带一路"沿线国家与地区培养世界工匠,提升本地区人口就业率,彰显中国高职教育对世界的贡献度,体现一个大国的担当。(2)打造语言学习与文化推广的服务品牌,既面向国内的社会学习者,也面向"一带一路"沿线国家和地区的学习者,建立起一个依托网络、资源完备的语言学习资源服务体系和社交互动平台;重点开发一批多语种、双向普及的文化读本,营造"文化交流,合作共赢"的国际化氛围,增进师生的国际理解力。

(来源:《中国高教研究》2018 年第 6 期)

5.高水平高职院校建设内涵解析

赵居礼 龚小涛 贺建锋 吴 昊

2014 年,《国务院关于加快发展现代职业教育的决定》(国发〔2014〕19 号,下文简称《决定》)印发,提出到 2020 年"建成一批世界一流的职业院校和骨干专业,形成具有国际竞争力的人才培养高地"。

2015 年,教育部印发《高等职业教育创新发展行动计划(2015—2018 年)》(下文简称《行动计划》),明确提出建设 200 所优质专科高等职业院校(下文简称"优质校")。

2016 年 12 月,国务院总理李克强对发展职业教育做出重要批示,指出"努力建成一批高水平的职业学校和骨干专业"。

2017 年,《国务院关于印发国家教育事业发展"十三五"规划的通知》(国发〔2017〕4 号)发布,明确提出"支持 100 所左右高等职业学校和 1000 所左右中等职业学校建设"。

建设高水平高职院校,是党中央、国务院在对职业教育服务国家重大战略和产业转型升级新形势进行科学研判的基础上,针对职业教育提出的发展新目标,是高职院校发展的新任务新要求,与学术型本科的"双一流"建设有显著区别,是一流院校和优质校建设内涵的进一步丰富,是落实国家教育事业发展"十三五"规划"提高质量、优化结构、促进公平"的重要途径,对于"促进新动能发展和产业升级,带动扩大就业和脱贫攻坚,推动经济保持中高速增长、迈向中高端水平"具有重要意义。

一、高水平高职院校建设的重大意义

(一)服务国家重大战略发展的本质要求

国家实施"一带一路""军民融合""中国制造 2025""创新驱动发展"等重大发展战略,全面推动中国制造向中国创造转变,提升加快中国速度向中国质量转变,努力实现中国产品向中国品牌转变。国家重大战略的实施迫切要求职业教育培养出大批技术精湛的杰出技术技能人才。职业教育要主动围绕国家重大发展战略,对接产业发展,深化改革创新,聚焦内涵建设,产教深度融合,扩大对外开放,提升发展质量。高水平高职院校和骨干专业建设,有利于推动我国职业教育提质增效,培养出一批支撑、推动乃至引领一流产业发展的优质人才。

(二)引领高职战线创新发展的重要引擎

2006—2015 年,教育部、财政部联合启动实施"国家示范性高等职业院校建设计划",引领项目建设院校和全国高职战线不断创新体制机制,全面深化教学改革,快速提升服务能力,不断提高办学质量。后示范时期,部分高职院校对未来发展产生迷茫,引领未来发展缺少重大抓手。为此,教育部抢抓时机从服务国家重大战略布局和经济转型出发,出台高职教育创新发展行动计划,提出"扶优扶需扶特扶新"200所国家优质院校建设计划;国务院从推动创新型国家和人才强国建设出发,印发《国家教育事业发展"十三五"规划》,提出支持 100 所左右高职院校和 1000 所左右中等职业学校建设计划,同时要求发挥地方主导作用,辐射带动一批服务地方经济发展的优质高职院校建设,使高职院校建设朝着高水平不断前进。

(三)高职院校内涵发展的必然趋势

近年来,高职院校围绕国家重大战略布局,深度融入大众创业、万众创新和"中国制造 2025"的实践中,加快培育大批具有专业技能与工匠精神的高素质劳动者和人才,为经济社会发展做出了重要贡献。《决定》《行动计划》等文件,聚焦高职院校内涵发展,确立了职业教育改革领域四梁八柱性质的主体框架,指明了优质教学资源、办学活力、技术技能积累、保障机制和思想政治教育等方面的具体建设方向,将高职院校打造成为杰出技术技能人才培养高地,要求高职院校围绕生产方式变革、技术进步、社会公共服务等方面的要求,在人才培养、技术技能传承、促进就业创业中发挥更大的作用,培养大批具有敬业守信、精益求精等职业精神的高素质劳动者和技术技能人才。

二、高水平高职院校建设的内涵要求

高水平高职院校建设,旨在打造高水平的人才培养、高水平的专业建设、高水平的师资队伍、高水平的社会服务、高水平的内部管理、高水平的校园文化,形成与国家重大发展战略同频共振,与国家重点发展产业适度超前的职业教育发展格局,构建高水平高职院校"宏、中、微"三位一体的内涵体系。宏观上,坚持中国特色的社会主义办学方向,坚持立德树人,支撑国家战略,为人类发展提供"中国方案"打下杰出技术技能人才基础。中观上,明确了高水平高职院校建设的一条主线、四大特征和六大要素,即以深化产教融合、校企合作、工学结合为主线,以人才培养、科技创新、专业建设与产业融合发展为特征,以及规律、专业、人才、资源、制度与文化等六大要素。微观上,聚焦办学基础条件改善,紧跟国家重大发展战略和支柱产业相关专业建设,提升学院社会服务能力,支持和鼓励企业发挥育人主体作用,优化和完善工学结合人才培养模式,深入推进理论和实践一体化课程开发。高水平高职院校概念的内涵和外延可以从以下三个层面来理解。

(一)高水平的"世界性"

国家或地区经济社会发展的不平衡性,决定了当地高等教育事业发展的进步与落后程度。创建高水平高职院校是一个区域性概念,对于各级各类学校,所谓"高水平"一定有世界的高水平、亚洲的高水平、全国的高水平、区域的高水平的区分,各个省份、各个院校应在不同范围内确定创建高水平的目标和计划,选中标杆,实施标杆管理。

(二)高水平的"发展性"

事物发展通过不断的"否定之否",实现从量变到质变的跃升,从低级阶段向高级阶段进发。从历史角度看,"高水平"的标准绝不是静止不变的,而是伴随着产业升级改进不断向前发展的。产业经济发展中有"优胜劣汰",一个时期的"高水平"标准会被下一个时期水平更高、内涵更丰富的"高水平"标准所超越。"高水平"院校的标准要因宜适变,动态优化"高水平"目标和内涵并付诸行动,主动领跑产业发展,如此,才能顺应发展潮流。

(三)高水平的"特色性"

特色包含"个性""优势",同时本身也涉及全局优化,纵向的差异事关发展程度、层次,甚至是"代际差异",横向的差异事关发展特色、核心竞争力。世界上的综合性高水平大学,没有哪一所在每个领域都达到了顶尖水平,都是在某一个或某几个学科领域单兵或重点方向上突进、领先,"高水平"需要高水平的文化、制度和资源作为支撑,需要持续用力、长期积累、长期奋斗。高水平高职院校建设,关键是要找到总领发展的"纲",纲举则目张,如单向用力,越给力越有可能跑偏。因此,高水平高职院校建设,要以专业为建设总纲,以人才培养质量为核心,以服务产业和地方发展为特色,才能办出具有鲜明特色、卓越水平、一流声誉的高水平高职院校。

三、高水平高职院校重点建设任务

(一)坚持以骨干专业建设为基本载体

高水平高职院校必须由若干骨干专业作为支撑,要不断优化专业结构,改善实验实训条件,优化师资结构,提高服务产业发展的能力,扩大国际影响力。一是要优化专业结构。根据区域经济发展需要和服务行业特点,凝练专业方向,打造国内领先、辐射带动一批专业发展的拳头专业,提升专业支撑、推动、引领产业发展的能力。结合学院行业和区域优势,准确定位,紧贴产业发展动态设置和调整专业建设体系,推动服务国家重点产业发展亟须的专业建设。二是提振师资水平。紧跟企业生产要求,提高教师专业实践能力,建立专任教师常态化培养机制,完善青年教师代培和轮训制度,打造一批专兼结合的双师素质教师队伍。三是深化教学改革。不断深化工学结合的人才培养模式改革,加大理实一体化课程体系改革,深化"订单班"、现代学徒制等校企一体化育人模式,加大信息技术在教学中的应用,促进学生自主学习、创新和就业等能力的提高。四是坚持开放办学。不断加强技术技能积累,扩大对外合作,扩大职业教育的国际影响力和竞争力。

(二)坚持以人才培养质量提高为发展动力

质量决定兴衰,高水平的人才培养质量才能吸引高水平的教师、优质的生源、留学生和社会资源。高水平高职院校建设要以提高人才培养质量为核心,深化人才培养模式改革,完善质量监控体系,强化育人环境改善,全面提高人才培养质量。一是要深化人才培养模式改革。积极促进行业企业标准和国际成熟职业标准的引入,推动工学结合的人才培养模式深度和纵向的发展。二是要强化教学规范管理。要全面落实中央和省级教学规范,探索适应生源特点的人才培养新模式,不断创新教学管理机制,提高服务师生水平。三是要完善质量保障机制。推动建立教学工作诊断与改进制度,发挥好人才培养工作状态数据采集平台的作用,建立常态化的高职院校自主保证人才培养质量的机制和人才培养质量年度报告制度等。

(三)坚持以产教融合为主线

坚持产教融合、校企合作,坚持工学结合、知行合一,这是职业教育的本质要求。示范院校建设,创建了工学结合的人才培养模式,解决了职业教育专业建设的核心问题;骨干院校建设,形成了校企合作机制,解决了学校层面的合作问题;高水平高职院校和骨干专业建设,聚焦服务一流产业发展,要在更大范围、更高层次、更深程度上促进产教融合。职业学校要主动对接企业需求,增强服务企业发展的针对性和支撑力;要支持和引导企业深度参与学校育人过程,通过组建职教集团、专业建设指导委员会、董事会(理事会)等形式,纵深推进企业参与教育教学改革、专业建设、师资培养和学生实习实训等教学环节的深度和广度。大力推进现代学徒制试点,充分发挥企业育人的主体作用;深化体制机制改革,鼓励社会力量以资本、知识、技术、管理等要素参与公办高等高职院校改革,大胆探索混合所有制办学模式。

四、高水平高职院校建设路径

高水平高职院校建设,以坚持产教融合、校企合作、工学结合为建设主线,加快推进高标准校园基本条件建设,紧跟技术进步以改善实习实训条件,加大支持服务国家战略发展支柱产业及区域发展紧缺专业相关专业建设,提升学院社会服务能力,深化产教融合,聚焦内涵建设,坚持创新驱动,扩大开放办学,打造一批人才培养、科技创新、专业建设与产业融合发展的杰出技术技能人才培养高地。

(一)融合发展,创新体制机制

以优化内部质量治理体系为重点,完善质量保证体系,创新办学体制机制,创建校企合作平台,推进办学体制机制创新。

优化治理体系,提升治理能力。全面实行党委领导下的校长负责制,加快凸显学院特色的现代大学制度建设,建立理事会或董事会;拓宽师生参与学校民主治理的渠道,发挥学生代表大会的桥梁纽带作用;构建权责分明、管理科学的内部管理体制和督察机制;优化机构设置,深入推进两级管理模式改革,重塑职能分工,充分激发二级教学单位的办学主体地位,构建集约高效、服务专业发展的两级管理体系,建成以目标管理为导向的全院、全员考核机制,推进学院管理效能提升。

开展教学诊断与改进,健全质量保证体系。以推进教育治理体系和治理能力现代化为目标,落实学校的办学主体地位,激发学校办学活力,加快建立健全院校自主发展、自我约束的运行机制。发挥职业院校担负质量责任的内在自觉性,建立全员全过程全方位的质量标准体系;发挥教育主管部门的管控应激性,对院校的质量保证机制和能力进行有效管控;建立第三方中立性监测与评价体系,发挥监测评价的外在技术性,建成"院校主体、政府推动、市场引导"的质量保证体系。

搭建校企合作平台,推进产教深度融合。加强与行业职业教育教学指导委员会的合作,建立健全政府主导、行业指导、企业参与的职业教育办学模式,支持规模以上企业探索产教融合并先行先试,激发政校企行人才、设备、场所活力,打造一体化人才培养基地、技术创新基地、科技服务基地等。组建职教集团或连锁型职教集团,推动教育链与产业链的有机融合。

创新办学机制,创建特色学院。鼓励和支持社会力量联合办学,创建虚拟学院和特色学院,突出二级学院的办学主体、质量主体、责任主体地位。扎实推进现代学徒制试点,发挥企业的办学主体地位,成立以现代学徒制培养为主的特色学院;探索以资本、知识、技术、管理等要素参与办学的模式,成立具有混合所有制特征的二级学院。

(二)内涵发展,推进优质资源扩容升级

紧贴行业产业建专业,打造院校特色鲜明的专业体系,创新工学结合人才培养模式,打造一流师资队伍,推动学院内涵发展。

创建特色专业体系,创新人才培养模式。紧密围绕"中国制造2025""军民融合""一带一路"等国家发展战略,坚持把专业建在产业链上,基于大数据创建科学、可行的专业设置动态调整机制,不断优化专业结构,打造一批彰显学院特色、支撑产业发展的专业体系。发挥企业育人主体地位,深入推进订单式培养模式,扎实推进校企联合招生、联合培养的现代学徒制人才培养模式创新。探索与实践本科层次职业教育人才培养实现形式。

推进信息技术应用,创新教学方法改革。大力推进教学信息化建设及应用,按照"院校主体、政府支持、社会参与"的方式,集聚优质资源,建成具有中国特色的公共服务平台和在线开放课程体系;整合社会资源,提高行业企业参与办学程度,打造一批优质高等职业教育专业教学资源库。充分发挥信息化技术在职业教育教学中的应用,打造智慧化校园,创建数字化、网络化、个性化、终身化的教育体系,全力构建人人皆学、时时可学、处处能学的学习环境。

优化人才队伍结构,加强师资队伍建设。健全适合职业教育发展

的职称评价体系,完善以品德、能力、业绩为导向的职称评价标准,推动教师分类评价、分类管理的人事管理制度改革;建设"双师型"教师培训基地,推动和加强高职院校师资队伍建设;建成大师工作室,推动技能大师技术技能创新成果和实践经验加速传承和推广;加快推进一流专业教学团队群建设,发挥优秀教师对青年教师的传、帮、带作用,支持和培育教学名师和教坛新秀,实施"教学名师引领计划",培养一批国家级、省级教学名师。

创新校企合作,强化社会服务能力。对接社会发展,服务国家需要,建成与区域经济社会发展相匹配、相协调的现代职业教育体系;坚持"共建、共享、共用"原则,打造科技应用技术服务中心;打造终身学习成果认证、积累与转换的全民公共服务平台;鼓励和支持现代产业工人、新型职业农民、进城定居农民工和退役军人等重点人群接受学历和非学历继续教育,为其通过半工半读方式接受职业培训和继续教育提供条件。

(三)创新驱动,加强技术技能积累

坚持创新发展,发挥职业院校技术技能人才优势,注重文化育人,促进技术技能成果积累转化,完善技能大赛制度,将职业院校打造成区域技术技能积累的聚集地。

建立技术技能人才多样化成长通道。完善高职院校分类考试评价方式,突出"文化素质＋职业技能"考试办法,健全职业适应性测试办法,限定中高职贯通考试招生专业,规范高职院校注册入学方式。探索建立"中职—高职—本科"技术技能人才成长通道,打通职业教育"立交桥",构建适应个人全面发展的先进职教体系,为学生多路径成才、多样化选择搭建"立交桥"。

建立和完善技能大赛制度。进一步发挥全国技能大赛及各类大赛对教学方式改革、教学质量提高的推进作用;坚持政府主导、行业指

导、企业参与，构建"校级—省级—国家"层级提升的三级联动培养机制，以赛促教、以赛促学、以赛促改，提升学生实际动手能力、规范操作水平、创新创意水平。

加快推进技术积累及转化。打造具有持续创新能力的科技服务与创新团队，创建一批具有持续发展能力的技术技能积累中心或工程技术中心，促进技术技能积累与转化。推动校企共建技能大师工作室、实验实训平台、技术工艺和产品开发中心等，将学院打造成为技术技能积累与创新的重要载体。发挥职业教育集团作用，促进教育链和产业链有机融合，探索组建覆盖全产业链的职业教育集团。

促进文化育人与技术技能积累的融合发展。加强校园文化建设，强化大国工匠精神培育，推进产业文化、企业文化、职业文化进校园、进课堂，促进职业技能和职业精神融合发展；持续开展人文素质教育实践活动，在文化育人实践中推动技术技能积累，在文化传承创新中提高育人水平，着力培养追求卓越、精益求精、敢于创新的工匠精神。

（四）合作发展，推进对外交流与合作

积极引进国（境）外高水平专家和优质教育资源，持续推进学生对外交流，加强师资对外合作力度，跟进"一带一路"倡议，支持中国企业和产品"走出去"，提升中国职教国际影响力。

提升合作办学质量。创新中外合作机制，围绕国家战略发展相关产业开展专业建设，整合吸收国（境）外优质教育资源，建成一批标杆性合作办学机构和项目；对接国际标准，参照《华盛顿协议》《悉尼协议》《都柏林协议》等国际工程教育互认体系，指导专业建设；坚持"扩大开放、规范办学、依法管理、促进发展"建设方针，扩大中外合作办学项目规模，探索职业院校到国（境）外办学的方式，提升中国职业教育国际影响力。

拓宽技术技能合作。与世界一流应用技术学校或科研机构开展

深度合作与交流,参与国际或区域性重大项目、科学工程,参加国际标准和规则的制定,不断提高学院国际影响力。

扩大师生对外交流。健全中外合作管理制度,鼓励和支持国(境)外高水平技术技能专家来华任教,加大中外学生互换、教师互派、学分互认力度,培养通晓国际规则、具有国际视野的杰出技术技能人才。

服务国家"走出去"战略。推动建立与中国产品和企业"走出去"相配套的职业教育模式,面向当地员工,探索技术技能培训和学历教育融合发展模式,解决中资企业海外生产经营需要的本土化人才培养难题。与规模以上跨国公司合作,探索建立国际化人才培养基地。

高水平高职院校建设是职业教育支撑国家重大发展战略的重要手段,是推动经济转型升级的有力举措,是提升职业教育内涵发展的本质要求。要按照把握人才培养质量核心,坚持服务发展、促进就业,深化改革创新,强化产教融合、校企合作,开放办学的要求,打造一批培养杰出技术技能人才的高水平高职院校,推动职业教育更好地服务国家战略发展,推动我国职业教育发展迈上新的台阶。

(来源:《中国职业技术教育》2017 年第 25 期)

6.中国特色高水平高职院校建设的理论与行动框架

邹吉权　刘　斌

习近平总书记在全国教育大会上的讲话指出,要努力构建德智体美劳全面培养的教育体系,形成更高水平的人才培养体系,要把立德树人融入思想道德教育、文化知识教育、社会实践教育各环节,这为我们建设高水平高职院校提供了根本遵循。《国务院关于加快发展现代职业教育的决定》(国发〔2014〕19 号)提出,到 2020 年,形成"具有中国特色、世界水平的现代职业教育体系","建成一批世界一流的职业院校和骨干专业,形成具有国际竞争力的人才培养高地"。《高等职业教育创新发展行动计划(2015—2018 年)》(教职成〔2015〕9 号)提出,"开展优质学校建设""提升学校对产业发展的贡献度,争创国际先进水平""支持优质专科高等职业院校争创国际先进水平的机制基本形成""扩大职业教育国际影响"。《职业教育与继续教育 2018 年工作要点》提出,在 2018 年"启动中国特色高水平高职学校和专业建设计划,坚持扶优扶强与提升整体保障水平相结合,建设一批当地离不开、业内都认同、国际可交流的高职学校"。根据对政策文件精神的研究、相关理论研究以及优质校建设经验,中国特色高水平高职院校建设应具备以下特点。

一、以中国特色为根基,以世界一流为目标

建设中国特色、世界一流的高职教育,首先要处理好中国特色与世界一流之间的关系,使两者之间保持必要张力。没有中国特色,就没有世界一流,而中国特色不面向世界,也失去其存在的价值。高职院校

的国际化之路应该是突出特色、补齐短板,最后实现超越。

　　办好中国的教育,必须扎根中国大地,结合中国国情,办出中国特色。到底什么才是中国高职教育的特色呢?第一,国家层面的模式特色。纵观世界职业教育发达国家,无不形成了具有本土特色的职业教育模式,如德国的"双元制"模式、英国的"三明治"模式、澳大利亚的TAFE模式、加拿大的CBE模式、新加坡的"教学工厂"、奥地利的"模拟公司"等。我国建设世界一流职业教育,必须形成具有中国特色的职业教育模式,而这一模式就是"产教融合"。产教融合是我国40年职业教育理论探索和办学实践的结晶,具有鲜明的原创特色,深化产教融合、校企合作是我国职业教育的根本遵循。在中国特色高水平职业院校建设中,要明晰产教融合的内涵,在国家层面通过立法保障、制度安排、机构设置以及经费支持,不断创新产教融合的模式,寻找产教融合的新路径,使产教融合的职业教育模式自立于世界职业教育之林。第二,院校层面的办学特色。产教融合的国家模式需要以各高职院校的办学实践为支撑。一所高等职业院校的办学特色是指其在长期办学实践中逐渐形成的适应经济社会发展需求、符合高等职业教育本质规律、比较持久和稳定的发展方式,以及被社会公认的独特、优质的办学特征。高职院校要遵循职业教育发展规律、办学规律和人才成长规律,坚持产教融合、校企合作,坚持工学结合、知行合一,准确把握国际职业教育发展趋势,彰显院校的办学理念特色、办学定位特色、专业建设特色、人才培养特色、师资队伍特色、高职文化特色以及学校治理特色,形成一批具有中国特色、世界一流的高职院校。第三,人才培养特色。西方国家把职业教育更多等同于培训,而我国的高职教育以立德树人为根本,培养德智体美劳全面发展的社会主义建设者和接班人,面向区域经济社会发展和产业转型升级培养发展型、复合型、创新型技术技能人才,我国高职教育更注重教育的政治属性,注重社会主义核心价值观的培育,注重人的全面发展和长远发展。因此,从教育方针和教育目标看,我国的高职人才培养独具特色,更有利于杰出技术技能人才的涌现。

在凸显特色的同时,必须把中国高等职业教育放在全球发展视野之下,遵循高等职业教育普遍规律,借鉴吸收世界职业教育发达国家成功的办学经验和办学常识,补齐短板,建设"具有中国特色、世界水平的现代职业教育体系","建成一批世界一流的职业院校和骨干专业,形成具有国际竞争力的人才培养高地"。建设世界一流的职业教育,关键是提升三个层面的国际影响力:一是提升国家职业教育的国际影响力。其目标:我国职业教育质量得到国际广泛认可,产教融合模式成为国际职业教育重要一极,中国成为世界上人们最向往的职业教育留学目的国之一,成为国际职业教育访学交流中心,中国的国际职业教育产业比重显著增加。二是提升高职院校的国际影响力。高职院校首先要在区域和行业中具有很强的影响力,做到"当地离不开,行业都认同",在此基础上,着力提升国际化水平,向成为世界一流的高职院校迈进。衡量一所高职院校的国际化水平,参照高职质量年报,主要指标包括:招收境外留校生数量和短期培训数量、开发国际认可的专业教学标准和课程标准数量、专任教师在国(境)外组织担任职务的人数、专任教师赴国(境)外指导和开展培训时间、师生在国(境)外技能大赛获奖数量、与国(境)外院校合作办学及交流互访情况。三是提升杰出技术技能人才的国际影响力。培养一大批具备出色的技术应用能力、职业实践能力,具有出色的个人修养与职业素养,具有国际视野,熟悉国际标准,通晓国际规则,能胜任跨文化交流的杰出技术技能人才,提升我国高职人才的国际影响力。

二、以立德树人为根本,以高水平人才培养体系为支撑

习近平总书记在全国教育大会上的讲话为高水平高职院校建设

提供了根本遵循——以立德树人为根本,培养德智体美劳全面发展的社会主义建设者和接班人。要将立德树人融入思政课程、通识课程、专业课程以及实习实训各环节,围绕立德树人重新设计课程体系、教学体系、评价体系以及管理体系,从而形成更高水平的人才培养体系,这是高水平高职院校建设的基础性核心工作。

构建高职院校人才培养体系,首先要深入贯彻落实党的教育方针,深入研究"德智体美劳"五育的内涵以及它们之间的关系,深入剖析高职教育"德智体美劳"的特点,秉持全人教育理念,遵循高等职业教育规律,确定人才培养目标和毕业生应具备的核心能力,进而构建新的课程体系、教学体系以及评价体系,形成更高水平的人才培养体系。人才培养体系应处在一个三维坐标系中,这三维分别是文化引领、模式支持(产教融合)和制度保障,其坐标原点就是立德树人,要使其融入所有教育教学环节。同时,人才培养体系要体现以学生为中心,即以学生的学习为中心,以学生的发展为中心。

三、以服务发展为宗旨,以产教融合为主线

(一)以服务发展为宗旨

一是服务国家战略。高职院校必须肩负起服务国家战略的使命,特别是制造强国战略、"一带一路"倡议和乡村振兴战略等。高素质技术技能人才是制造强国战略的重要人才支撑。我国高职制造大类人才培养在规模上还不能适应产业发展要求,据有关文献预测,到 2025年,我国高端技能型人才缺口为 200 万人。高职院校要面向新一代信息技术产业、高档数控机床和机器人、航空航天装备、海洋工程装备及高技术船舶、先进轨道交通装备、节能与新能源汽车、电力装备、农机装备、新材料、生物医药及高性能医疗器械等十个重点领域,大力培养面

向先进制造业的发展型、复合型、创新型技术技能人才,同时在满足数量的前提下,着力提升人才培养规格与产业需求的契合度。高职院校要面向国家乡村振兴战略,对接现代农业产业体系、生产体系和经营体系,培养大批懂农业、爱农村、爱农民的高素质技术技能人才。高职院校还要面向"一带一路"倡议,紧跟产业走出去的步伐,培养大批具有国际视野、通晓国际规则、熟悉国际标准、胜任跨文化事务的技术技能人才与管理人才,大力拓展职业院校的国际空间,提升其国际化水平。

二是服务区域产业转型升级。随着我国现代化经济体系建设的大力推进,区域产业转型升级步伐也在加快,人工智能、互联网、大数据等新产业、新业态会深刻影响高等职业教育人才培养的目标、规格和模式,高等职业教育必须紧随产业发展的前沿,为产业转型升级和技术创新提供人才支撑,以产教融合为主线,通过人才培养、技术研发和社会培训等助力产业转型升级,建设一批"当地离不开、业内都认同"的高职院校。

三是服务学生的全面发展。高职教育要回归"为学生发展服务"的宗旨,关注完整的人的发展,实现人的全面发展。高职教育要追求工具理性与价值理性的平衡——既观照教育的社会性,又关注教育的人本性;既注重学生职业能力的培养,又注重人文精神的教育;既注重学生科学精神的培养,又观照学生的信仰教育;既培养学生的集体意识,又要关注学生的个性发展。高职院校应对学生的发展做全面的考虑,要培养学生的表达能力、批判性思维、道德推理能力、多元文化素养、全球化素养、广泛的兴趣,并为其就业做好准备。

(二)以产教融合为主线

产教融合是我国职业教育的模式创新,体现了中国特色,为世界职业教育贡献了中国方案。

高职教育首先要厘清产教融合的内涵,寻找产教融合的逻辑起点,使其成为我国职业教育理论的重要组成部分。其次要以产教融合为主线,使其贯穿高职教育的院校布局、专业设置、人才培养、社会服务等各个环节,不断提升人才培养质量,服务经济社会发展。

要以职业教育本质属性——职业性、技术性、终身性为逻辑起点,将教育要素与产业要素对接,探究职业教育的内涵。一是职业教育专业结构与产业结构对接,包括区域结构、层次结构、类别结构以及规模结构等。根据区域产业转型升级和技术进步,及时调整院校布局和专业设置,科学确定教育目标和人才培养规格,使技术技能人才无论在数量上还是规格上都能更好地适应产业发展,体现以就业为导向的办学理念。二是将教育资源要素与产业资源要素相融合,培养学生的职业能力。将产业(行业、企业)的技术人员、设备、工艺流程、生产案例、职业标准、文化等要素资源融入教学中,并创设相应的职场氛围,培养学生的知识、技能和态度,提升学生的职业能力,实现与就业岗位零距离对接。三是加强技术研发,以研促教。大力提升教师的技术研发能力和行业影响力,重视教师的行业气质养成,推动教师为行业企业开展技术研发,在促进企业技术进步的同时,将行业企业的最新技术成果和案例融入课堂中,以培养学生的技术思维、技术态度、技术文化和技术行为。四是面向行业企业开展社会培训。秉持终身教育和终身学习的理念,密切关注企业技术进步和员工自身发展需求,面向行业企业员工开展社会培训。五是开发"教育职业标准"。目前,我国职业院校所取的职业资格证书是人力和社会资源部颁发的,一方面,人社部的职业资格标准并不完全适合职业教育,另一方面,自 2013 年开始,国务院分 7 次取消了 434 项职业资格许可,只保留了 140 项,这显然无法适应高职高专 747 个专业,因此需要行业部门联合教育部门开发适合职业教育的"教育职业标准"。

近年来,我国职业教育在深化产教融合方面进行了诸多模式创新和路径探索。在国家层面,持续推进办学体制和管理体制改革,调整重组 62 个全国行业职业教育教学指导委员会,分三批通过了 560 家现代学徒制试点单位,组建了 1400 多个职教集团;举办 70 多次产教对话活动,与行业企业制定了一整套教学标准。在学校层面,通过"校中厂"、"厂中校"、订单培养、顶岗实习,以及校企共建师资队伍、实训基地和教学资源等诸多途径,使产教融合不断深化。尽管如此,"校热企冷"的局面并没有得到根本转变,下一步应通过完善立法、创新机制、开辟途径,发挥行业协会的关键作用,建立产教深度融合的长效机制,重点是"教育型企业"的认定和"教育职业标准"的开发,实施"1+X"证书制度。

四、以专业群建设为突破口,以人才培养质量为核心

(一)以专业群建设为突破口

中国特色高水平高职院校建设要统筹考虑课程、专业和专业群的一体化建设,以课程建设为基础,以特色核心专业建设为着力点,以专业群建设为突破口。课程是教育学概念,而高职课程源于技术、职场与工作岗位,通过项目化,同时融入有用的学科知识,以培养学生的职业能力——技术知识、职业技能和职业态度;专业是一个社会学概念,指专门从事的学业或职业,专业是由一组课程组成的,围绕一个培养目标组成的课程群就是一个专业;专业群是教学管理概念,为了实现教学资源优化和柔性化的教学组织,对接产业链和职业岗位群,将学科同级、技术知识相近、职业领域相关的专业组成专业集群,并以此为基础组建二级学院。

高职专业群建设的主要目的有三个:一是突出与产业链的对接,与职业岗位群的对接,使专业在服务区域经济社会发展中发挥作用,具有更强的竞争力;二是优化资源配置,使课程资源、师资队伍、实训基地和校企合作平台实现共享,提升资源利用效率,避免资源重复建设;

三是实现教学组织的柔性化管理,凸显灵活性、开放性和协同性,提高专业适应性。专业群建设的逻辑是,首先确定一个核心专业,之后根据产业链延伸和职业岗位群扩展选择相关专业入群。专业群建设必须以特色核心专业建设为着力点,纵观世界著名职业院校,无不是以特色核心专业为支撑的,如英国诺兰德学院的家政服务专业,瑞士洛桑酒店管理学院的酒店管理专业,日本京都精华大学的动漫专业,美国烹饪学院的烹饪专业等。特别是入围"双高计划"的高职院校,特色核心专业既代表学校水平,也代表国家水平和世界水平,因此必须选择产业需求旺盛、行业影响力大、师资力量强、实训条件好、教学理念先进、校企合作深入、技术技能积累深厚的专业作为专业群的核心专业。

以专业群建设为突破口,就要基于专业群开发课程体系及相应课程,这无疑对高职院校的教师提出了挑战。教师要深入研究群内专业共性的技术知识点和技能点,以便开发共享平台课程;要深入研究产业链的上下衔接和各职业岗位的特点,使各专业模块课程成为有效衔接和深度融合的整体;要充分考虑学生的职业生涯规划和兴趣,开发数量充足的专业群选修课,供群内各专业学生选修,从而"构建底层可共享、中层可融合、上层可互选的专业群课程体系"。基于专业群开发的课程体系是一个比较复杂的系统,需要一个课程地图,给学生提供一个清晰的学习路径,使学生能够根据自己的职业生涯规划去选择就业岗位,同时知道该岗位应具备哪些核心能力,需要修习哪些课程,修课顺序以及各课程之间的关系。课程是学校真正的产品,是专业和专业群的基本构成单元。如果我们将学校比喻成一个"展厅(超市)",学生就是"顾客",专业群就是"展区",专业就是"展柜",课程就是琳琅满目的"商品"。高职专业的课程开发应按《悉尼协议》范式,秉持以学生为中心、以成果为导向、持续改进的教学理念,采用逆向设计原则,根据需求确定专业培养目标,根据培养目标确定毕业要求,而课程(体系)开发必须能够完全支撑毕业要求,一般采用课程矩阵表达两者之间的对应关系。

课程资源建设是课程建设的重要组成部分,目前我国高职课程资源并不少,包括国家、地方和院校层面的专业资源库、精品资源共享课等,此外院校的各种碎片化数字资源也很多,但这些资源的利用效果并不是很理想。究其原因,一是没有充分调动教师的积极性,项目均采用招标形式,由中标企业来做,而企业技术人员对教育教学规律理解不深,脚本设计能力有限,因此资源质量不高;二是资源制作时间太短,目前资源制作项目一般是当年下拨经费,当年结项,在这么短的时间内,不可能制作出高质量的教学资源。如何充分调动教师的积极性,承认教师的劳动,使每一个资源都成为精雕细琢的精品,从而提高资源的质量、利用率和应用效果,需要政府和学校从机制上加以解决。

(二)以人才培养质量为核心

要确保人才培养质量,必须解决好两个关键环节,一是人才培养定位和面向,二是课堂效率和效果。高职教育首先要解决专业人才培养面向和人才培养目标定位问题。改革开放初期,高职教育还没有形成自己的教学标准,因此模仿普通本科教育,基于学科体系开发课程,使学生掌握系统的学科知识。国家示范校和骨干校建设期间,打破了原有的学科体系,面向岗位,开发基于工作过程系统化的课程体系,这一转变更符合职业教育规律,是一个巨大的进步。但经过多年实践,人们发现这一模式过于强调技能而轻视了技术,强调眼前就业而忽略了学生的长远发展,强调毕业生的社会属性而忽视了人的全面发展。"十二五"期间,提出了高职教育要培养"产业转型升级和企业技术创新所需要的发展型、复合型、创新型技术技能人才",根据这一定位还提出了"强调技术、注重技能、鼓励创新、兼顾人文、综合发展"的高职人才培养思路,这一提法很好地解决了高职人才培养面向和人才培养目标定位问题,具有很强的科学性和前瞻性。尤其在今天,随着工业4.0和智能化时代的来临,业态发生了根本性变化,工作过程去分工化、人才结构去分层化、技能操作高端化、工作方式研究化、服务与生产一体化,这就需要对高职人才培养模式进行根本性变革,高职毕业生的发展潜质、复合特征和创新能力显得尤为重要。至于人才培养面向,从国家和院校层面说,就是面向区域经济社会发展、面向产业转型升级;而从学生个体层面说,应该是面向职场。因此,高职院校必须坚持面向未来职场的专业教育理念,坚持职业性和专业性相统一。面向未来职场,培养的毕业生要满足职场能力需求,能融入职场文化,会整合利用职场资源并接受职场检验。

高职院校一切工作都应紧紧围绕人才培养质量提升这个核心,无论是专业群建设、专业建设、课程建设、课堂教学,还是师资队伍建设、实训基地建设、信息化建设、教学诊断与改进等,所有环节都是为了提升人才培养质量,缺一不可。在所有环节中,课堂教学(含实践教学,后同)无疑是最重要、最核心、最直接的环节,学生的价值观塑造、知识获得、技能提升、素质养成也主要是在课堂上实现的。一定意义上说,课堂教学质量代表了人才培养质量,抓住课堂教学质量就抓住了人才培养质量的"牛鼻子"。高职院校学生基础较差、主动学习的积极性不高,逃课、迟到现象严重,学生上课能够认真听讲的比例不高,这些都是不争的事实。因此,如何转变教师教的理念,调动学生学习的积极性,提升课堂效率和教学效果,打造"金课",是高职院校建设必过的关口。课堂改造的关键就是坚持"以学生为中心"——以学生的学习为中心,以学生的发展为中心,建立自主、探究、合作、交流的课堂,将"师本课堂"转变为"学本课堂",将"知识传递"课堂转变为"知识建构"课堂,将"单向控制"课堂转变为"多元民主"课堂,将"知识课堂"转变为"学问课堂",将"句号课堂"转变为"问号课堂"。以学生为中心的课堂改造关键在教师,高职教师要深入研究高等职业教育教学规律和人才成长规律,转变教育教学理念,转变教学方式、方法和手段,转变角色,重塑职责,从而增强课堂教学活力,提升人才培养质量。从这个角度说,对高职教师进行教学能力提升的培训显得尤为重要。

五、以文化建设为引领,以院校治理为保障

(一)以文化建设为引领

高职文化是高职院校的灵魂,也是高职院校最核心、最持久和终极的竞争力。高职虽然也具有高等教育属性,但是高职文化与一般的大学文化有很大差别,如大学追求的"崇尚学术、高深知识"等理念就不适合高职文化,因此高职院校必须坚定追求自己文化的自觉,并从文化自觉走向文化自信。高职文化建设还是要回到高职教育本质属性"职业性"和"技术性"的逻辑起点,通过深化产教融合、校企合作,将职业文化和技术文化融入校园文化,从而形成中国特色的高职文化。

"职业文化是人们在长期职业活动中逐步形成的价值观念、思维方式、行为规范以及相应的习惯、气质、礼仪与风气。它的核心内容是对职业使命、职业荣誉感、职业心理、职业规范以及职业礼仪的自觉体认和自愿遵从。"为了将来更好地面向职场、适应职场,学生在校期间就应该受到良好职业文化熏陶,学校应该使职业文化像空气一样充盈校园。职业文化融入校园文化是一个长期的积淀过程,其前提是坚持产教融合、校企合作、工学结合、知行合一,使教育教学过程与企业生产过程融合,让学生在真实的职业环境和职场氛围中学习,这样才能使学生真正了解职业文化、尊崇职业文化,同时职业技能大赛、创新创业大赛、技能大师工作室建设等也是职业文化建设的有效途径。技术文化是关于技术实践的文化,包括技术的目标、价值、伦理、信仰、意识和创造力等。高职教育的基本功能就是传承技术、创新技术,但在技术的传承与创新过程中,我们过分强调技术的工具理性,而遮蔽了技术的价

值理性,忽略了技术的价值、伦理、信仰,最终会导致技术的异化。技术文化的本质就是关于技术的"真美善",技术文化建设的目的就是使人们"诗意地栖居于技术世界"。在高职技术文化建设过程中,首先要培养学生的"求真"精神,即求真务实的科学精神、开拓进取的创新精神、精益求精的工匠精神;其次,要培养学生的"尚美"精神,"技"与"艺"本是同根同源,在向学生传授技术的同时,要重视对技术的审美观照,挖掘技术产品(作品)的材质之美、形状之美、色彩之美和秩序之美,探究技术大师的审美观念、审美情趣和审美理想,使学生学会体验美、评价美和创造美;再次,要培养学生的"向善"情怀,让学生正确理解"技"与"道"的关系,形成"由技至道""以道驭术"的技术文化理念,从而更好地协调现代技术各要素之间的关系,有利于消除技术进步带来的负面影响,有利于消解技术的异化,同时实现人的自由和全面发展。

高职文化建设需要融入职业文化和技术文化,经过长时间积淀,提炼出独具特色的高职理想、高职精神、办学理念、办学定位,以社会主义核心价值观为引领并形成自己的校本核心价值观,从而形成高职的精神文化、制度文化和物质环境文化。高职文化建设的关键:一是要有具有远见卓识、善于治校的校长,有一大批德技双馨的教学名师和技能大师;二是要深化产教融合、校企合作,坚持工学结合、知行合一;三是要形成良好的教风和学风;四是要通过图书馆、校史馆、实训场地、校园环境建设,充分体现自身独特的文化符号。

(二)以院校治理为保障

高职制度文化是高职文化的重要组成部分。经过 40 多年的发展,高职院校形成了"党委领导、校长负责、教授治学、民主管理"的治理结构。但高职院校提升治理水平仍然任重道远,需要进一步明确治理主体,完善治理结构,创新治理机制,逐步从"管理"走向"治理",再走向"善治、良治"。高职院校治理包括内部治理和外部治理两个方面,因此治理主体不仅仅是校内主体,还应有外部主体,包括政府、行业企业、社会利益相关方,因此高职院校治理结构应该向"政府有限主导、党委领导、校长治校、教授治学、民主管理(监督)、企业参与、社会监督(评价)"的方向发展,处理好政府、学校、市场三者的关系,明确各主体的责权利边界,充分调动各方积极性,采用民主协商的原则合作共治。限于篇幅,本文只谈外部主体。

首先是学校治理与政府的关系。我国职业院校治理从最初的"政校合一"发展到现在"府管校办"模式,这一变化释放了高职院校办学活力,促进了高职教育的大发展。但"府管校办"模式仍然存在一些问题,政府与学校的责权边界不清,政府过度干预,使得高职院校办学自主权难以落实,在经费使用、人才引进、物资采购、校企合作、国际交流等诸多方面受到限制,严重制约了高职院校的发展。因此,政府应减少通过文件的形式对高职院校进行直接干预,一方面,应运用立法、拨款、规划、监督对高职院校进行宏观管理,另一方面,应通过标准制定、信息服务、协调服务等进行宏观引导,从"府管校办"向"有限主导、合作共治"转变,真正落实高职院校办学自主权。其次是学校治理与行业企业的关系。所谓以产教融合为主线,就是行业企业参与到高职院校办学的各个环节,包括院校布局、专业设置、教育教学、招生就业、师资队伍建设、实训基地建设、技术开发、社会培训、文化建设以及学校治理等。行业企业是高职院校治理的重要主体,必须参与到学校的决策中,当前通行的做法就是建立校企合作理事会(董事会)。高职院校要认识到市场参与对学校发展的重要性,要展示出开放办学的诚意和胸怀,厘清理事会与校党委、校行政的关系,完善理事会章程,明确理事会职能,真正发挥理事会的治理决策监督作用。最后是学校治理与社会的关系。随着高校"管办评"分离逐步落实,社会专业组织与第三方评价机构的作用将会凸显,这些机构将承担起高职院校办学的评价职能和监督职能,在政府与学校之间架起桥梁,为政府的决策提供参考,为学校的办学把脉开方。社会专业评价组织必须秉持公正性、中立性、公益性原则,具备专业性和权威性。

六、结 语

"中国特色高水平高职学校和专业建设计划"是落实《国务院关于加快发展现代职业教育的决定》的重大举措,也是继国家示范校和骨干校建设之后的又一次重大行动。这一计划的实施,必将对我国职业教育事业的发展产生重大和深远的影响,也将为各高职院校提供难得的发展机遇。由于相关文件还没有下发,项目尚未启动,本文只是进行前期的学术探讨,谨供参考。

(来源:《中国职业技术教育研究》2018 年第 34 期)

7.高水平高职院校的范型及其建设路径

徐国庆

2018 年 1 月,教育部印发了《教育部 2018 年工作要点》,提出启动"中国特色高水平高职院校和专业建设计划",其目标是建成一批高水平高职院校。该计划对于内涵建设已经历了几年平稳期的高职院校来说无疑是一个重要的发展机遇,然而它能否带来我国高职教育发展水平的又一次重要提升有赖于对特色高职院校本身内涵的理解。如果特色高职院校在建设内容上与国家示范性、骨干高职院校相比没有重要突破,那么其预期的建设目标就难以达成,而高职院校也将丧失此次重要发展机遇,与本科院校发展水平的差距将进一步拉大,这会给我国整个职业教育体系的稳定带来隐患。

一、当前高职院校内涵式发展的迷惘

内涵建设在高职教育发展中历来备受重视。我国高职教育完成规模的基本发展后,提升高职院校的办学内涵与人才培养质量,便成了其进一步发展的主题。从 2006 年开始,教育部陆续推出了国家示范性、骨干高职院校建设计划,以课程建设为基本内容,通过规范课程并强化其质量,明显地提升了高职院校人才培养的职业特色与水平,实现了高职院校内涵发展的重要突破。首批国家示范性高职院校建设结束后,人们便开始热议"后示范"发展问题。然而讨论并没有获得清晰的结果,尽管此后高职院校普遍对内涵建设仍然极为重视,地方教育行政部门也不断推出一些局部性的建设计划,如品牌高职专业建设、优质高职院校建设等,但高职教育的内涵发展陷入了迷惘状态,低水平重复建设比较多,建设的效果并不是很明显。陷入迷惘状态的主要原因是对下一阶段高职院校内涵建设的核心内容与思路不明晰。

(一)课程建设难以体现水平差异

课程建设被高职院校普遍理解为内涵建设最为核心的内容和抓手。国家示范性、骨干高职院校建设时期,课程建设的主要内容是打破学科体系的课程组织框架,转向工作体系的课程组织框架。由于这两种课程模式在形态上差别很大,因而建设成效突出。然而当高职院校课程实现这一基本转向后,人们发现课程建设难有进一步发展。因为课程建设总是离不开人才培养方案、课程标准、教材、教学资源等基本要素,不同高职院校围绕这些基本要素开发出来的成果往往水平差不多,难以明显体现出不同高职院校之间的水平差异。面对这一困境,一些新颖却没有经过充分论证的课程、教学概念在高职院校被迅速、广泛地接受,如翻转课堂,有时反而造成教学质量的下降。

(二)研究难以产生有重要影响的成果

国家示范性、骨干高职院校建设后期,在课程建设难以再取得重大突破的背景下,有些高职院校开始把关注点投向了研究。经过艰辛努力,一些高级别课题开始落户高职院校,一些高水平杂志开始频频刊登高职院校教师的论文。统计发现:2016 年 362 所公办高职院校共在 4 家职业教育核心期刊及 18 家与高职教育相关的高教核心期刊上发表高职教育科研论文 1224 篇,占教育科研论文总量的 41.02%。高职院校开始进入曾经是本科院校专属的领地。为体现研究的应用性特点,高职院校普遍重视技术和产品层面的研发。近年来高职院校的专利数激增,统计发现,2012—2015 年高职院校专利共 404335 件;以实用新型专利为主,呈逐年大幅度增长趋势;发明专利数量较少,但也呈逐年递增趋势。有的高职院校把技术研发作为办学特色进行建设。

研究工作的推进对高职院校内涵建设产生了一些推动作用,然而受教师和学生研究水平的限制,高职院校的研究成果虽然在数量上有明显提升,但质量总体不高,有重要研究贡献的成果极少。研究在高职院校内涵建设中应该处于什么位置,对此人们尚未获得清晰认识。

(三)校企合作难以进一步突破

校企合作是职业教育办学的基本要素,校企合作水平会影响到高职院校许多办学要素的发展。党的十九大报告中涉及职业教育的内容主要有两项,一项为现代职业教育体系,另一项为产教融合、校企合作,由此可见校企合作在高职院校内涵建设中的重要地位。在过去10多年的发展中,绝大多数高职院校把校企合作作为办学的核心要素进行建设,合作内容主要是企业为高职院校学生的实践教学与就业提供支撑,并取得了明显进展,形成了一批以校企合作为办学特色的高职院校。然而发展到现在,高职院校普遍感到校企合作在人才培养这一维度上再难以形成新的明显特色。在此期间,有的高职院校积极探索校企合作的新内容,尝试与企业合作进行产品和技术研发,但没有形成足够的规模和有影响的成果。因此,校企合作如何进一步发展,高职院校仍然感到比较迷惘。

(四)师资队伍量的提升难以带来质的变化

师资队伍建设作为学校办学的关键环节,备受高职院校重视。在师资队伍建设方向上,高职院校的认识普遍比较清晰,就是在努力提高教师实践能力、建设双师结构师资队伍的同时,大幅度提升高水平教师的数量,如高学历教师、高职称教师、高层次人才计划教师。高职教育作为职业教育体系的一个组成部分,要求其教师有很强的实践能力,高水平教师对于提升高职院校的高等教育属性来说非常重要。通过付出巨大努力,许多高职院校的高水平教师拥有量有了明显增加,然而这一增加往往只是统计数字的变化,教师的实际水平并没有明显提升,即这些教师在教学质量、课程建设、科学研究、品牌提升等方面所发挥的作用比较有限。

二、高水平高职院校的关键特征

特色高职建设计划能否取得成功,关键取决于对建设目标的构想是否明晰,建设内容是否抓住了未来高职院校发展的关键环节。在高职教育内涵建设处于比较迷惘的状态下,如果没有明晰高水平高职院校的关键特征与建设路径,特色高职建设计划很可能难以取得突破性成就。那么,高职教育下一阶段内涵发展的突破点在哪里?

为了走出内涵发展的迷惘状态,高职院校一直在积极寻找有效路径,普遍采取的策略是寻找支撑内涵发展的新概念,如有的院校开始热衷于国际专业认证,有的院校把现代学徒制作为人才培养模式改革的突破口等。寻找一些有实质价值的新概念,有时的确能对高职教育内涵发展起到重要推动作用,如现代学徒制。然而学校作为一种特殊的社会机构有它自身的特点,那就是其发展水平更多地取决于赋予了办学要素什么样的内涵,而不是靠一味追求新概念形成的。任何一种类型的学校,其办学的基本要素都是比较接近的,如设施设备、师资队伍、研究、课程、教学、校企合作等,只是有些类型的学校由于功能不同,在个别要素的重要性上有特殊要求,如高职院校特别重视校企合作。

在办学基本要素上,高职院校是否还有建设空间,是否有能力在办学基本要素的建设上进一步取得突破?本研究的回答是,不仅有空间,能突破,而且应当突破,也只有努力取得突破,高职教育内涵建设才能迎来崭新的未来。(1)在课程建设方面,目前只是完成了人才培养方案、课程标准、教材等课程要素的初步建设,即课程的这些基本要素已经有了,其建设的质量水平却远远不够,极少有高职院校的人才培养方案是建立在深入、科学的人才培养路径研究基础上的，极少有课程标准是建立在课程研究与知识开发基础上的，极少有教材具有经典意义，至于教师的教学资源，也远没有达到丰富、有效的建设水平。课程建设要实现这一突破，关键在于建设思路要从课程编制转向课程研究、课程开发。(2)在研究方面，高职院校研究成果的质量总体不高，有时会让许多高职院校领导对高职院校研究的发展缺乏信心，然而近年来高职院校招聘的新教师普遍拥有硕士以上学历，其中相当一部分教师拥有博士学位，研究成果质量不高并非教师缺乏研究潜力，而是因为缺乏所需要的研究平台，以及没有找到适合他们的研究课题和方法。而这一研究状况的形成，与高职院校各专业缺乏优秀的专业带头人有关。(3)在校企合作方面，目前校企合作的内容主要是人才培养，然而校企合作人才培养的精细化程度远远不够。如工作场所的知识尚未系统开发出来，对工作本位学习的安排总体上还处于比较粗糙的水平。除了人才培养过程的进一步细化，下一步校企合作内容的突破口应当放在产品与技术研发方面，高职院校必须在这一维度的建设上取得重要突破。高职院校在校企合作产品与技术研发方面有巨大发展空间。(4)在师资队伍建设方面，高职院校自然也有巨大的努力空间。高水平教师没有表现出高水平能力、发挥出高水平作用，不是因为教师们自身能力不足，而是由于有些高职院校的管理体制"官本位"色彩很严重，没有真正形成尊重教师、尊重智慧与创造的管理制度；管理权限在学院层面过于集中，专业教师缺乏科研自由度；缺乏促进持续、集中攻关的研究机制，缺乏对重要课题进行研究所需要的平台与条件，因而难以取得重要研究成果。

高职院校内涵的进一步建设不能在原有基础上继续徘徊，把新的重要建设行动变成原有材料的重新整理与填报，使高职院校在大量低效、无用的烦琐建设任务中丧失了重要发展机遇；也不是一味地去寻找全新的建设内容，用一些非常时髦却无实效的概念来掩盖内涵的贫乏,而是要用新的视角去看待常规的办学基本要素,努力赋予每种要素全新内涵,在原有建设基础上把高职院校内涵建设真正推向深处。高水平高职院校的建设内容是全面的,但高职院校要走出目前内涵建设的迷惘状态,就不能在所有办学要素上平均用力,而是要有突破口。这个突破口是什么？从以上四个方面的分析可以看出,高职院校内涵建设的关键抓手和突破口是"研究",课程建设的突破需要研究,高质量研究成果的产生需要研究,校企合作的深化需要研究,高水平师资队伍的形成更需要研究。从"建设"到"研究",是高职内涵发展范式的转变,只有围绕这一思路才能发展出真正具有标杆意义的高职院校。这种高职院校可称为研究型高职。研究型高职的形成应当成为特色高职建设的核心目标。

什么是研究型高职？"研究型"这一原本属于本科院校区分学校类型的概念是否适合高职？研究型高职与研究型大学有什么区别？能否建设出研究型高职？以研究为核心是否会弱化高职院校的人才培养功能？提出研究型高职这一概念,可能会遭遇较多质疑。把这些问题综合起来,本研究的观点是:研究型高职可界定为以研究为内涵建设关键驱动力的高等职业教育办学形态;研究本身是促进人才培养的,高职院校只有在研究上取得重要突破,才可能解决高等教育属性不强的问题;研究与人才培养是一对完全可以协调好的矛盾,其关键在于平衡好评价体系的价值取向;高职院校的研究自然应区别于本科院校的研究,高职院校的研究不应当追求在纯学术杂志上发表论文,以及追求基础研究课题的获批,而是应当以应用型研究为主,如产品与技术开发,把研究定位于这一层面,高职院校不仅有着广阔的发展空间,而且完全可以在研究上取得重要突破。关于高职院校研究的这一定位其实一直以来是高职教育领域的普遍观点,然而目前高职院校的研究有以科学研究为主要追求目标的趋势,他们在与本科院校比获批了多少国家级科研课题,比在高水平杂志发表了多少论文,这种偏向应得到扭转。

以研究为中心的高职内涵建设思路要确立四个基本意识。(1)精品意识,即在内涵建设的各个领域均要有追求精品的意识。高职院校经过 20 多年的建设,各个办学要素已基本完善,水平的进一步提高主要体现在对精品的追求上。高水平高职院校评估指标的设计,不应突出内容的完整性,而要突出是否有精品的内容。(2)创新意识,要打破习惯于模仿或被动听从专家指导的惯性,独立自主地进行内涵建设,努力在各个办学要素的建设中通过研究实现创新,探索出新的高职院校办学形态。(3)实效意识,创新不是追求表面的新意,以研究为方法的创新是符合科学规律,有实际成效的创新。高职院校的内涵建设尤其要注意革除追求表面效果的习惯,突出以实际效果来评价创新价值的意识。(4)可持续意识,要注意选择在高职院校办学中具有根本意义的问题进行研究,对高职院校的发展具有长远价值的项目进行建设,使高职院校内涵建设进入可持续发展轨道。这一意识对于高职院校来说具有现实针对性。

三、高水平高职院校的建设策略

以研究为高职内涵建设的抓手与突破口,需要把握好以下四个方面。

(一)拓展项目建设周期

研究是具有极大不确定性的领域,有重要创新价值的研究成果的产生尤其具有不确定性。但研究一旦取得了重要突破,就可以极大地提升高职院校的内涵发展水平。考虑到研究工作的这一特点,以研究为中心的高职院校内涵建设思路,首先要在时间安排上与示范性、骨干高职院校建设有所不同,要从 3 年拓展到 5 年。

国家示范性、骨干高职院校建设基本上采取的是"目标—执行—验收"的工作范式,即预先制定非常详细、具体、可量化的建设目标和任务,建设目标和任务一旦编制完成,建设过程基本上就是完成依据目标设计的任务。按照这种建设模式,如果建设时间计划执行得严格,基本上 3 年可以完成建设任务。而以研究为中心的建设范式是"目标—探索—验收",探索是一个需要较长时间且带有极大不确定性的过程,"失败"在研究中是非常常见的现象。考虑到该范式的这一特点,特色高职院校建设在时间周期上至少要安排 5 年。而且在建设目标与时间的规划上要有比较大的弹性度,给建设任务的实施者更多自主权。如果建设时间短,建设任务与时间编制得过于具体、严密,那么只能获得表面整齐的文本,却不能获得真正有价值的建设成果,高职院校的内涵也就不能获得实质性发展。

5 年在周期上有点偏长,它将大大增加特色高职院校建设项目管理的难度。然而从高职院校内涵发展的需求看,5 年为一个周期是有必要的。我国高职教育经过 20 多年突飞猛进的发展,大多数高职院校已完成了办学条件的基本建设,同时也进入了内涵建设的高原期。高原期的突破难度很大,如果没有较为充裕的时间进行长期攻关,在关键性成果的形成上取得重要突破,高职院校的办学就难以真正跨越到一个新的高度,内涵建设最终避免不了继续低水平徘徊的格局。

(二)搭建研究所需要的硬件平台

国家重大建设计划的实施通常伴随着较大规模的资金投入,这就涉及下列重要问题:这些资金投入的方向是什么? 如何使用这些资金?

国家示范性、骨干高职院校建设采取的思路是把资金主要用于内涵的软件建设,给硬件建设分配的资金比例比较小。这一使用方案与当时高职院校内涵的发展状况是基本吻合的,即硬件基本建立起来,但软件非常薄弱,使硬件的功能不能发挥出来。然而以研究为抓手和突破口的高职院校内涵建设,需要大幅度提升硬件建设费用在建设总经费中的占比,因为目前制约高职院校研究水平提升的因素除了教师自身研究能力不够强,缺乏研究型大学那样以博士生、硕士生为主要成员的研究团队外,还有一个非常重要的因素,那就是缺乏研究所需要的硬件平台。

除极少数人文社会学科外,大多数学科的研究需要强大的硬件平台支撑,且平台的先进水平会在很大程度上影响到研究的水平,工程技术学科尤其如此。科学层面的研究需要硬件平台的支撑,技术和产品层面的研究同样需要硬件平台的支撑。然而由于长期以来高职院校的办学定位只是人才培养,因此在硬件建设中只进行了实训基地建设,基本上没有进行用于研究的实验室建设。目前高职院校所拥有的硬件基本上是用来进行技能训练的,很少有能用于研究的。这一状况使得有研究能力也有研究愿望的教师无用武之地。基于研究的高职内涵发展思路是,调整高职院校硬件建设的方向,形成一批高水平的技术与产品研究实验中心。实验中心与实训中心的协调发展,是高水平高职院校应有的硬件建设思路。

(三)系统规划重要研究领域

如上所述,高职院校并非不重视研究,恰恰相反,近年来许多高职院校对研究非常重视,而且在研究的一些指标上有明显提升,如重要课题获批,在重要杂志上发表论文,但取得的实质效果不明显。其原因在于,一方面对研究的方向把握不准,研究定位没有与学术型大学区分开来,一味追求课题和杂志的学术等级。这一方向的成果显然是不可持续的,因为高职院校不具备学术型大学那样强大的学术平台。此外,还有一个重要原因,即对研究课题缺乏整体规划,教师的研究整体上处于个体状态,所选择的研究课题过于分散,没有形成研究合力。

把研究作为高职院校内涵建设的抓手和突破口,要求对全校的研究领域和研究课题进行系统规划,选择既符合经济、社会发展需求,又有长远发展潜力的领域和课题进行持续研究,并根据研究团队的能力优势对研究课题做出取舍,在平衡好研究与教学工作的同时,引导教师集体对某些课题进行攻关,争取在某一个点上取得重要突破。这种研究计划的设计与实施,需要非常出色的专业带头人来支撑。因此,高职院校在内涵建设中要高度重视专业带头人队伍的建设,且按照基于研究的高职院校内涵发展思路,突出对专业带头人自身研究能力与研究团队能力建设的要求。

(四)构建促进研究的文化与制度

高职院校重视研究,但又难以取得突破性研究成果的另一个重要原因是,缺乏研究所需要的文化与管理制度。研究可划分为两种,即任务性研究与贡献性研究。任务性研究并非真正的研究,它只是产生了显性研究材料,但没有实质性的研究贡献。贡献性研究则是真正的研究,即产生了实质性贡献的研究。我们所需要的研究当然是贡献性研究,但这种研究需要从文化和制度层面极大地刺激研究者的研究内驱力。而目前高职的文化与制度有许多方面是与此相悖的,它使得高职院校教师缺乏研究动力,如果不从文化与管理制度入手,就难以从根本上解决高职院校的内涵发展问题。

高职院校中不利于研究内驱力激发的文化与制度主要有三个方面。(1)学术权力缺乏。"高职院校运行以自上而下的管理为主,教师按职责具体执行相应的工作任务",这是目前高职院校管理模式的基本状态。高职院校目前的管理制度基本上以行政为本位,决策权力完全归属于行政,没有行政职务但专业能力很强的教师,在高职院校很少有参与重大事项决策的机会,即使学术事项也是如此。(2)学术规范缺乏。激发研究潜力的基本制度是对知识贡献的尊重和对知识产权的保护,然而高职院校的运行体系普遍还没有建立起这一基本规范,许多教师参与了研究,却不能获得独立的成果认定,甚至没有署名。(3)研究成果激励制度不完善。研究需要教师付出极大的智慧与精力,并且许多研究工作是教师在繁重的教学工作、学生工作之外完成的,但高职院校普遍没有建立起研究型大学那样有力的优秀科研成果奖励制度,其中有观念的原因,也有行政权限的原因。

这些文化与制度的缺失,使得高职院校教师普遍缺乏追求原创成果的内在动力,研究只是他们不得不应付的一项任务。在这样一种心理环境下,不可能产生真正有贡献的研究成果。因此,特色高职院校建设计划应当从更为根本的层面思考高职院校内涵发展问题,把促进研究的文化与制度建设作为重要内容。在学校管理权限的划分中,我们习惯的模式是:级别越高的学校,赋予其管理权限的自由度越大,级别越低的学校,赋予其管理权限的自由度越低。特色高职院校建设面临极大的制度框架重构问题,建设过程中应当突破管理权限划分的单一模式,允许高职院校在制度创新方面有更大的自由度,凭借制度改革实现高职院校办学形态的突破。基于这样一种办学模式的高职院校才能在我国未来高职教育发展中发挥引领作用。

(来源:《中国高教研究》2018 年第 12 期)

8.中国特色高水平高职学校的特征分析和建设愿景

李洪渠　彭振宇

被誉为高职界"双一流"的"中国特色高水平高职院校和专业建设计划"启动,中国特色高水平高职院校和专业(下文简称"中特高")建设迅速成为职教界乃至全社会关注的焦点。

"中特高"计划之所以广受关注,一个重要原因就是,它将在很大程度上决定一所高职院校在未来很长一个时期的地位和影响。从国家层面而言,"中特高"将代表中国最高水平的职业教育(包括学校和专业两个层面)参与国际竞争,成为中国职业教育对外交往的名片。人们最为关注的"中特高"问题无外乎两个:一是怎么评,二是怎么建。作为高等职业院校的探索者和实践者,我们对"怎么评"无能为力,但是对"怎么建"却可以深入探讨。

一、"中特高"学校的内涵

什么是"中特高",或者说什么样的学校才能被称为"中特高"? 我们认为,在"中特高"这个概念里,"中国特色"是对它的定性描述,是前提,是基础,是"中特高"学校的必要条件;"高水平"是对它的定量要求,是目标,是实力,是"中特高"学校的充分条件。因此,"中特高"建设必须同时满足两个条件:既要有"中国特色",又要有世界级的"高水平"。

什么是"中国特色"? 就是从整体而言,某事物属于中国这个国家所独有。基于这个理解,具体到"中特高"的中国特色,我们理解为专业设置具有中国特色。优秀的传统文化、民族技艺得到很好的继承发扬,在技术技能积累传承方面卓有成效。在产业行业技术技能人才培养方面首先必须满足中国市场需要,服务于国家战略;其次,人才培养模式(其微观形式就是教学模式)具有中国特色,形成职业教育的"中国模式";再次,人才培养制度体系具有中国特色。

什么是"高水平"? 我们认为"高水平"至少包括两个方面的意思:一是实力强;二是水平高。这里的"强"和"高",首先是一个相对抽象的概念,其次是一个比较参照的概念。再次是同类比较的概念。"高水平"一定是在同类事物比较中才有意义,即高职和高职比才有意义。最后,它是全面综合的概念,是学校整体实力都很"高"很"强",是全面综合性的"高水平"。

综上,"中特高"计划中的高职院校,要达到的高度,不是以全国高职院校为参照,而是以世界同类院校为参照的,瞄准的是世界一流。也就是说,办学水平要足够高,全世界同类学校公认的,才是真正的高水平。"地方龙头,行业顶尖,国际一流"是"中特高"学校的应有内涵。

二、"中特高"学校的特征

从高职院校建设者的视角创建"中特高"学校,我们认为至少应当在以下十个方面体现出"中国特色"和"高水平"。归纳起来,就是"十个坚持"。

(一)坚持正确政治方向:立德树人

坚持正确的政治方向,就是要坚持中国共产党对教育的绝对领导,坚持社会主义办学方向。无论什么学校,在坚持正确政治方向、正确育人导向上都没有例外。为党育人的初心不能忘,为国育才的立场不能改。"中特高"学校应当是这方面的表率和模范。必须坚持正确的政治方向,立德树人,服务发展,促进就业,为区域经济社会发展贡献力量,办人民满意的高等职业教育。这是"中国特色"的必然要求和具体体现。

(二)坚持打造一流专业(群):品牌特色

建设"中特高"学校,核心是必须有世界一流的专业或专业群,不是有某一两个专业强,而是专业的综合实力和整体水平都很强。在此基础上,有若干个特色品牌专业或专业群。高原之上有高峰。一流专业(群)的标志,就是专业在行业领域里具有举足轻重的影响,在同类院校的同类专业中居于引领地位。

在一流专业(群)建设中,必须坚持"三个结合":结合国家战略、结合地方实际、结合学校基础。"结合国家战略"就是要主动服务国家战略,对接产业需求,为国家建设提供强有力的技术技能人才支撑;"结合地方实际"就是要紧密贴合地方经济社会发展需要,服务行业企业实际需求;"结合学校基础"就是要结合学校现有条件和基础,综合前面两个"结合",最终确定合适的专业(群)作为重点发展对象。

确定重点专业后,在整体专业水平不降低的情况下,加大对重点专业(群)的建设投入力度,科学谋划专业(群)发展,使之逐步达到国际一流水平。

(三)坚持建设双师团队:双高名师

没有一流的师资就没有一流的专业(群)。建设一支具有高水平、高影响力(双高)的师资队伍,是支撑"中特高"学校建设的关键。

什么是"双师"团队?"双师团队"如何建?从建设实践角度看,"双师"团队实际上有两层含义:一是从教师个体而言,专业教师必须具备较高的理论水平和很强的实践动手能力;二是从教师队伍整体而言,要有结构比例适当的理论和实践课教师队伍。只有这样,才能确保满足"中特高"学校培养高水平学生、建设国际一流专业(群)的需要。

(四)坚持培育大国工匠:德技并修

如果说一般高职院校所培养的只是合格的技术技能人才,那么"中特高"学校培养的就应该是大国工匠,是行业领军人物,是中坚和骨干,是各行各业中的佼佼者。当然,这并不是说学校通过若干年的培养,直接就可以把一个应届高中毕业生培养成为大国工匠,这是不可能也是不科学的。但作为"中特高"学校,一定要为学生未来成为"大国工匠"提供基础,提供可能,应该成为"大国工匠"的"摇篮"。

因此,如何遵循职业教育规律和职业人才成长规律,培育德技并修、技艺精湛和全面发展的知识型、技能型、创新型劳动者,应当是"中特高"学校建设的根本任务。

(五)坚持深化校企合作:协同育人

深度高效的校企合作应当是"中特高"学校建设的基本要求。通过与高水平的企业进行高水平的合作,协同完成行业企业所需要的高素质技术技能人才培养,最终服务于产业转型升级,服务于区域经济社会高质量发展。"中特高"学校应当形成稳定、深入和高效的校企合作体制机制,而不是与企业进行浅表化的合作、简单的"纸上"合作或口头协作。

(六)坚持提升治理水平:高效和谐

当前的管理模式和管理水平还不能适应"中特高"学校建设的需求,必须按照现代大学的管理要求,大力提升院校治理水平,通过建章立制、明晰权责,严格按照章程,正确行使学校权力(包括行政权力、学术权力和民主权力),依法行政、依法治校。通过提升院校治理能力,规范各项工作流程,提升教育服务水平,完善高职院校育人功能,充分发挥"中特高"学校在学历教育、技术服务、社会培训和继续教育等方面的集合优势,形成具有广泛影响力的高水平区域高等职业教育中心,在全球同类院校中产生强大的影响力和辐射能力。

(七)坚持对接国际标准:面向世界

"中特高"学校必须在全球化市场中具有显著比较优势,一个重要内容就是其管理模式、师资队伍、专业建设、课程开发和人才培养必须对接国际标准,面向全球,通俗地表述就是要国际化。但国际化不是简单地引进教师和学生,或者让本校的教师学生走出去,而是要在办学过程的各个环节科学吸收国际先进经验,吸引国际优质资源,打造国际性交流合作平台,培养面向全球市场的国际化人才,深度参与国际分工。

(八)坚持创新融合发展:打造平台

创新是一个国家和民族发展的不竭动力。打造创新平台,培养创新人才,创新性培养人才,是"中特高"学校建设的题中应有之义。作为"中特高"学校,必须坚持打造创新融合发展平台,通过联合行业顶尖企业,共建共享国家级科技创新研发平台,适时跟踪、引领行业发展动态,研发最新技术,并及时应用于专业课程教学,服务高端技术技能人才培养和企业技术革新,这是"中特高"学校的核心要义。

(九)坚持营造一流文化:以文化人

一个成熟、卓越的社会组织,其管理的最高境界就是达到"以文化人"的程度。作为高职院校中的杰出代表和榜样,"中特高"学校的文化建设应当体现出一个卓越教育机构独有的文化魅力,即充分体现出教育文化、产业文化和职业文化的有机融合,让身处其中的人能够充分感受到一个卓越教育机构应有的温度、硬度、深度和广度。所谓"温度",就是要"以人为本",细节处体现人文关怀;所谓"硬度",就是要坚持一切有章可循、一切依规办事,执行有关制度要严格,制度的刚性不容破坏;所谓"深度",就是要有深厚的学术文化、技术文化和专业文化积淀,凸显高职文化;所谓"广度"就是要坚持"兼容并包"精神,坚持学术自由、和而不同,坚持思想开放,开放办学,善于吸纳一切先进文化成果为我所用。

(十)坚持创造一流条件:保障到位

"中特高"学校必须具备一流的办学条件。充足的经费保障、功能完善的教室、设备先进的实习实训中心和优美的校园学习工作环境等,都是"中特高"学校必须达到的办学条件。勒紧裤带创建"中特高"可不可以?当然可以,可是这不是创建"中特高"的最佳路径。要在相对短的时间里取得最好的建设成效,没有一流的办学条件显然不行。

"一流的办学条件"从哪里来?除了高职院校自身的努力之外,各级政府的政策和资金支持,行业企业的热情参与,多渠道筹集资金至关重要。总之,高职院校决不能"关起门来办学",必须开放办学,不断优化资源配置,创造各种有利条件保障基本办学条件达到一流水平。

三、"中特高"学校的建设愿景

目前,虽然国家还没有出台"中特高"学校的具体遴选条件和办法,但是我们可以设想,"中特高"学校显然不是一年、两年就可以建成的,必须摒弃急功近利的思想,着眼于中长期发展目标,有计划分阶段逐步推进实施,持续发力,久久为功。

第一步:2018—2023 年,完成"中特高"学校遴选设置,初步建成一批国内领先、辐射力强、特色鲜明和行业顶尖的高职院校,使其成为推动地方经济转型升级、支撑"中国制造 2025"等国家战略的重要力量。

第二步:2023—2035 年,"中特高"学校的品牌优势进一步彰显,在全球高职院校竞争中具有显著比较优势,形成具有代表性的中国职业教育模式。

第三步:2035—2050 年,"中特高"学校魅力凸显,在全球同类院校中处于中心和领先地位,成为全球高科技产业研发中心和刺激经济创新发展的新引擎,成为培养高端国际化技术技能人才的教育高地。

到那时,在"中特高"建设和普通大学"双一流"建设的基础上,我们相信,由高等职业教育与普通高等教育共同构筑的中国高等教育体系必将得到飞跃性发展,中国将以一种全新的姿态,以国际一流的品质,屹立于世界高等教育强国前列。

(来源:《中国职业技术教育》2019 年第 5 期)

9.办好中国特色世界水平的高职院校

陈秋明

近年来,"中国特色高水平高等职业学校和专业建设计划"(以下称"双高计划")成为高职教育界高度关注的热点。刚刚出台的《国家职业教育改革实施方案》(以下称《实施方案》)提出,"建设50所高水平高等职业学校和150个骨干专业(群)"。作为党中央国务院在教育领域做出的重大决策部署,"双高计划"将决定中国职业教育往何处走,办成什么样,具有什么样的地位。面对如此重大且影响深远的计划,高职院校必须审时度势、超前谋划,下好先手棋,打好主动仗,既要办出中国特色,又要具有世界水平,引领带动职业教育培养数以千万计的高素质技术技能人才,成为支撑地方经济转型升级和服务国家战略的重要力量。在新的历史起点上办好中国特色、世界水平的高职院校,关键要解决好"怎么看""怎么办""怎么干"的问题。

一、新时代职业教育怎么看

《实施方案》第一句话即指出:"职业教育与普通教育是两种不同教育类型,具有同等重要地位。"这是一个非常重要的判断,不仅明确了职业教育在我国教育体系中的重要地位,也为我国职业教育指明了未来的发展方向。习近平总书记在2014年对职业教育发展做出重要指示时就强调,职业教育是国民教育体系和人力资源开发的重要组成部分,必须高度重视、加快发展;在2018年全国教育大会上再次强调"要高度重视职业教育"。国际上,"德国制造"之所以长盛不衰,与其拥有大量一流技术工人、发达的职业技术教育分不开。面对全球新一轮科技革命和产业变革,美国、日本等国家纷纷把发展职业教育作为国家战略,作为应对危机、促进就业、迎接新技术革命挑战的重要举措。当前,中国特色社会主义进入新时代,我们正处在实现"两个一百年"奋斗目标的历史交汇期,加快发展现代职业教育比以往任何时期都更重要。

(一)职业教育是发展实体经济、建设现代化经济体系的战略支撑

密切联系行业企业,直接服务经济社会发展,是职业教育的鲜明特色,也是职业教育发展的强大动力。当前,我国已经成为世界第二大经济体,经济已由高速增长阶段转向高质量发展阶段。发展实体经济,推动产业向中高端迈进,高技能人才是支撑。有关数据显示,在现代制造业、战略性新兴产业等领域,一线新增从业人员70%以上来自职业院校,职业院校毕业生成为支撑中小企业集聚发展、推动产业迈向中高端的生力军。实施好供给侧结构性改革,必须提高全要素生产率,推动人力资源协同发展。完善职业教育和培训体系,培养数以亿计的高素质劳动者和技术技能人才,大力提高国民素质,是时代赋予我们的重要职责。

(二)职业教育是保障和改善民生、促进就业创业的关键一招

就业是民生之本。职业教育与其他教育相比,最突出的一个特点就是直接面向就业,特别是青年就业。教育部公布的数据显示,我国中职毕业生就业率连续10年保持在95%以上,高职毕业生半年后就业率超过90%,近70%的职业院校毕业生在县市就近就业。职业教育为促进就业、改善民生和成就出彩人生,做出了重要贡献。当前,我国每年城镇新增就业人口都在1000万人以上,总量压力非常大,同时还有约3000万人生活在贫困之中,脱贫攻坚任重道远。提高就业质量和人民收入水平,打赢脱贫攻坚战,加快推进基本公共服务均等化,需要职业教育发挥更为重要的作用。办好职业教育,是人民的需要,也是时代的呼声。

(三)职业教育是深化教育改革、建设教育强国的重要突破口

按照党的十九大确定的分两个阶段实现全面建成社会主义现代化强国的战略安排,教育要力争在 2020 年基本实现现代化,在 2035 年使中国成为教育强国。当前,我国教育总体发展水平已经进入了世界中上行列,发生了全方位变化,实现了系统性提升,取得了历史性成就。但是,距离基本实现教育现代化只剩不到 2 年时间,任务非常艰巨。把教育摆在优先发展的战略位置,加快推进教育现代化,进而建成教育强国,需要进一步抓重点、补短板、强弱项。职业教育由于受多种因素制约和历史欠账,仍然是我国教育体系的薄弱环节。深化职业教育改革创新,有利于全面提升教育发展水平,也能够为实现"两个一百年"奋斗目标提供坚实的人力资源支撑。

(四)职业教育是我国教育走向世界、对世界做出贡献的精彩样板

我国职业教育从诞生那一天起,就顺应并适应了经济发展需要,带有浓厚的、鲜明的中国特色烙印。目前,年均输送近千万名毕业生、培训近亿人次、帮助约 300 万家庭实现了拥有第一代大学生的梦想,建成了世界上规模最大的职业教育体系,走出了一条有中国特色的职业教育发展道路。若以立法为标志,世界上第一个明确提出高等职业教育概念的国家是中国,以 1996 年颁布的《中华人民共和国职业教育法》。第二个国家是 2004 年予以立法的瑞士,其他国家基本没有这一概念。可以说,我国对世界教育所做出的贡献,特别是能为世界上大多数发展中国家树立榜样的,只能是职业教育特别是高等职业教育。

二、实施"双高计划"怎么办

实施重大项目是我国推动职业教育改革发展的第一抓手。即将启动实施的"双高计划",《实施方案》将其定位为推动职业教育改革的重要举措和职业教育"下好一盘大棋"的重要支柱,必将大幅提升新时代职业教育现代化水平。

(一)"双高计划"的出发点是办好职业教育

我国职业教育之所以能不断取得新进展、新突破,关键在于我们始终坚持职业教育属性和特色,在办学方向上坚持职业教育类型不变,在培养定位上坚持技术技能人才不变,在学校名称上坚持职业教育特色不变,在培养模式上坚持产教融合、校企合作、工学结合不变。"双高计划"是一项全方位改革,必须坚持正确方向,沿着正确道路推进。在方向问题上,我们头脑必须清醒,奋力办好新时代职业教育,培养高素质技术技能人才,坚定不移地走中国特色职业教育发展道路。

(二)"双高计划"的目的是引领

通过建设一批职业教育的"清华、北大",把改革发展的"龙头"舞起来,在人才培养、社会服务、制度建设等方面发挥引领作用。通过建设一批契合产业发展需要和适度超前产业发展的高水平专业(群),服务和引领产业发展。通过建立持续支持高水平高职学校和高水平专业(群)发展的机制,推动职业教育深化体制机制改革、突出类型特征、强化内涵建设,服务国家战略、融入区域发展、促进产业升级。

(三)"双高计划"的焦点是学校和专业建设

围绕学校和专业做文章,核心任务有两个:一个是发挥"龙头"引领作用,深化技术技能人才培养培训模式改革,率先开展"学历证书+职业技能等级证书"即1+X证书制度试点等,真正培养出社会和企业急需的高质量人才,建成一批高素质技术技能人才培养培训基地;另一个是补齐高职研发短板,突出应用特色,以解决生产生活中的实际问题为根本,建设一批技术技能创新服务平台,促进创新成果和核心技术产业化,在国家创新体系中发挥重要作用。

(四)"双高计划"的目标是"三个离不开"

《实施方案》明确要"建设一批引领改革、支撑发展、中国特色、世界水平的高职学校和骨干专业(群)",就是要建设一批"地方离不开、业内都认同、国际可交流"的高职院校。地方离不开,就是指学校发展要服务国家战略,要融入区域发展、促进产业升级,为当地经济社会发展提供人才红利。业内都认同,就是指要通过着力建设一批服务、支撑、推动国家重点产业和区域支柱产业发展的高水平专业(群),让行业和社会都认可。国际可交流,就是指要探索一条中国特色职业教育发展道路,推动我国职业教育和技术技能人才走向世界的舞台中心,与国际社会共享中国职业教育模式、标准和资源。

三、高职院校"怎么干"

办好中国特色世界水平的高职院校,绝非一日之功,也绝非哪个学校一家之事,需要政府、企业、学校、行业、社会共同关注、共同参与、共同建设,更需要学校之间加强交流合作,互学互鉴,携手并进。深圳职业技术学院自1993年建校以来,始终高举改革创新这面大旗,始终坚持在服务国家战略和深圳经济社会发展中谋求自身发展。如今站在新的历史节点上,学校时刻牢记自身的使命担当,率先启动相关建设,努力为国家职业教育改革发展创造新经验、新路径。

（一）方向把得牢——毫不动摇坚持党的领导和社会主义办学方向

以政治建设为统领,全面加强党的建设,全面贯彻党的教育方针,保证学校改革发展的正确方向。将学习习近平新时代中国特色社会主义思想作为党委会"第一议题",切实把学习成果转化为推动学校发展的实际行动。成立党建与世界政党研究中心,以高水平党建研究提高党建工作水平。实施健全体制机制、提升基层组织力、建好教师党支部"三大攻坚"行动,着力提高党建工作质量。落实立德树人根本任务,率先建立社会主义先进文化研究与传播中心,编写出版《社会主义先进文化建设的深圳探索与理论研究》,以深圳为样本深入剖析党的领导及社会主义制度的优越性,帮助特区青年学生树立"四个自信"。

（二）前沿上得去——打造智能时代技术技能人才培养高地

紧跟产业前沿,紧贴深圳四大支柱产业和新兴产业布局专业,开设移动通信、云计算、大数据、人工智能、新能源汽车等招生专业 85 个。紧跟技术前沿,与华为、ARM、阿里巴巴、平安、比亚迪、裕同、天健等世界 500 强企业或行业领军企业紧密合作,共建华为信息与网络技术学院、ARM 智能硬件学院、阿里巴巴数字贸易学院、平安金融科技学院、比亚迪应用技术学院、裕同数字图文学院、天健建工学院等特色产业学院,校企共同制定专业标准、共同开发课程、共建师资团队、共同培养技术技能人才,引领产业发展,在服务一流企业中成就自身一流。力争到 2023 年,专业设置与区域重点产业匹配度超过 95％,与世界 500 强企业或全球行业领军企业共建专业比例超过 60％。

（三）企业离不开——打造中小微企业技术研发中心

主动在科学的技术化和技术的产业化链条上寻找位置,坚持以应用技术研发为导向,为中小微企业发展提供技术支撑。引进一批由诺贝尔奖得主霍夫曼教授、长江学者孙立宁教授等海内外高端人才领衔的重量级团队,打造霍夫曼先进材料研究院、智能科学与工程研究院、智能制造研究院、社会与经济发展研究院等高端平台,为珠三角产业发展和粤港澳大湾区建设提供有力支撑。力争到 2023 年,服务深圳地方高成长中小企业比例超过 10%。

(四)百姓用得上——打造深圳市民终身教育学校和全国职业教育师资重要培训基地

坚持"市民的需求在哪里,就把学校办到哪里",学历教育与职业培训并举,全日制与非全日制并重,办最接地气的高等教育。与深圳市民政局、大鹏新区、西丽街道等合作,成立深圳健康养老学院、大鹏新区社区旅游学院、西丽社区学院等一批行业培训学院和社区学院,为市民输送优质职业教育资源。对口支援西藏、新疆等 11 个省、自治区 200 多所中职、高职院校,目前已为全国 680 余所职业院校培训骨干教师 1.2 万余人,培训人数连续 5 年名列全国第一。

(五)国际叫得响——推动职业教育"深职模式"走出去

成立新时代中国职业教育研究院,加强对国内外职业教育的研究,凝练出职业教育"深圳模式"。经联合国教科文组织授权,成立联合国教科文组织职业教育计划亚非研究与培训中心,充分利用联合国教科文组织的国际组织体系,"借船出海",组建国际平台,举办国际论坛,向国际职业教育界发出"中国声音",展示"中国形象",输出"深职模式"。推动与世界职业学院与技术大学联盟的合作,争取将联盟秘书处设在学校。马来西亚全国各类职业院校全面对接学校标准。在保加利亚成立职业教育与培训中心,输出学校电子通信专业标准。与招商局港口合作,定期培训全球港口航运管理人才。力争到 2023 年,办学模式、专业标准在 10 个以上国家或地区得到推广。

蓝图已绘就,奋进正当时。《实施方案》以改革和落实为主基调,提出了深化职业教育改革的路线图、时间表、任务书,充分体现了党中央、国务院深化职业教育改革的坚定意志和狠抓工作落实的坚强决心,开启了新时代职业教育发展的新征程。我们要牢牢抓住这个大有可为的政策红利期和发展机遇期,深入贯彻落实《实施方案》,特别是"双高计划"、"1+X"证书制度试点等战略部署,着力培养高素质技术技能人才,为促进经济社会发展和提高国家竞争力提供优质人才资源支撑。

(来源:《中国职业技术教育》2019 年第 7 期)

第 三 编

解读与推进

1. 十问答权威解读"双高计划"

一、"双高计划"的项目怎样定位？

"舞龙头。""双高计划"是落实《国家职业教育改革实施方案》的重要举措和职业教育"下好一盘大棋"的重要支柱之一，致力于把职业教育改革发展的"龙头"舞起来，引领带动职业教育培养数以千万计的高素质技术技能人才，成为支撑地方经济转型升级和服务国家战略的重要力量。

二、"双高计划"的建设重点是什么？

打造技术技能人才培养高地和技术技能创新服务平台。围绕办好新时代职业教育的新要求，集中力量建设一批高水平高职学校和高水平专业群，打造技术技能人才培养高地和技术技能创新服务平台，支撑国家重点产业和区域支柱产业发展，引领新时代职业教育实现高质量发展。

三、"双高计划"的建设要求有哪些？

当地离不开，业内都认同，国际可交流。一是当地离不开，建成一批高素质技术技能人才培养培训基地，为当地经济社会发展提供人才红利，服务区域发展。二是业内都认同，建成一批技术技能创新服务平台，让行业和企业都认可，支撑产业转型升级。三是国际可交流，探索一条中国特色的职业教育发展道路，与国际社会共享中国职业教育模式、标准和资源，向世界中心走去，与大家共舞。

四、"双高计划"的建设内容有哪些？

一个加强，四个打造，五个提升。"一个加强"指加强党的建设，是出发点；"四个打造"指打造技术技能人才培养高地，打造技术技能创新服务平台，打造高水平专业群，打造高水平双师队伍，是建设任务；"五个提升"指提升校企合作水平，提升服务发展水平，提升学校治理水平，提升信息化水平，提升国际化水平，是工作目标。

五、"双高计划"的建设机制是什么？

总量控制、动态管理，年度评价、期满考核，有进有出、优胜劣汰。"双高计划"项目布点 50 所左右高水平学校建设单位和 150 个左右高水平专业群建设单位。每五年一个支持周期，2019 年启动第一轮建设，每个建设周期结束后调整一次，持续保持项目张力。每年度评价项目建设绩效，依据周期绩效评价结果，调整项目建设单位。

六、"双高计划"的发文计划有哪些重点？

一个《意见》、两个《办法》、三个《通知》。"意见"立足于"建"，明确学校改革发展任务和中央地方保障举措。"遴选管理办法"立足于"选"，明确遴选条件和程序，公开申请、公平竞争、公正认定；"绩效评价办法"立足于"管"，突出过程管理、动态调整，保证建设质量。每轮启动前发布通知明确申报要求，遴选结束后发布通知公布遴选结果，建设期内发布通知通报建设绩效。

七、"双高计划"的项目怎样遴选？

质量为先、改革导向，公开透明、扶优扶强。分学校申报、省级推荐、遴选确定三个环节。项目遴选坚持质量为先、改革导向，公开条件和程序，以地方先期建设为基础，以学校和专业客观发展水平为主，让学校少跑腿，让数据多跑路。

八、"双高计划"的经费投入有哪些要求？

地方为主，中央奖补，多渠道供给。地方在完善高职生均拨款制度、逐步提高生均拨款水平的基础上，对"双高计划"学校给予重点支持。中央财政通过现代职业教育质量提升计划专项资金对"双高计划"给予奖补支持，发挥引导作用。有关部门和行业企业以共建、共培等方式积极参与项目建设。项目学校以服务求发展，积极筹集社会资金，增强自我造血功能。

九、"双高计划"的项目管理有哪些要求？

一支队伍，两个平台，三方评价。按照回避原则，成立项目建设咨询专家委员会，为重大政策、总体方案、审核立项、监督评价等提供咨询和支撑。建立信息采集与绩效管理系统，全面强化绩效管理；建立信息公开公示网络平台，接受社会监督。地方和学校通过绩效自评加强项目自我管理；发挥第三方评价作用，定期跟踪项目建设成效。

十、"双高计划"的建设规划有哪些重点？

到 2022 年，列入计划的高职学校和专业群办学水平、服务能力、国际影响显著提升，在职业教育改革发展和培养数以千万计的高素质技术技能人才中发挥示范引领作用，使职业教育成为支撑国家战略和地方经济社会发展的重要力量，形成一批有效支撑职业教育高质量发展的政策、制度、标准。

到 2035 年，一批高职学校和专业群达到国际先进水平，引领职业教育实现现代化，为促进经济社会发展和提高国家竞争力提供优质人才资源支撑。职业教育高质量发展的政策、制度、标准体系更加成熟完善,形成中国特色职业教育发展模式。

（来源：中国高职高专教育网，2019-04-09，https：//www. tech. net. cn/web/articleview. aspx? id ＝ 20190409093725294&cata ＿ id ＝ N513）

2."双高计划"遴选管理办法十问答

为加强中国特色高水平高职学校和专业建设计划(简称"双高计划")项目管理,保证"双高计划"顺利实施,2019年4月16日,教育部、财政部联合印发《中国特色高水平高职学校和专业建设计划项目遴选管理办法(试行)》(简称《遴选管理办法》)。

一、"双高计划"建设规划

"双高计划"每五年一个支持周期,2019年启动第一轮建设。重点支持建设50所左右高水平高职学校和150个左右高水平专业群。实行总量控制、动态管理,年度评价、期满考核,有进有出、优胜劣汰。

二、"双高计划"项目资金

"双高计划"项目资金包括中央财政资金、地方财政资金和学校自筹资金,主要用于:打造人才培养高地、创新服务平台、高水平专业群、高水平双师队伍,提升校企合作水平、服务发展水平、学校治理水平、信息化水平、国际化水平等。中央财政资金管理按照《现代职业教育质量提升计划专项资金管理办法》(财科教〔2016〕31号)执行。

三、"双高计划"推进机制

"双高计划"实行国家、地方、学校三级推进。国家有关部门负责宏观布局、统筹协调等顶层设计,组建项目建设咨询专家委员会,为项目遴选和建设提供咨询服务。地方加强政策支持和经费保障,协调各方力量支持项目建设,对接区域经济社会发展需求,构建以"双高计划"学校为引领,区域内高职学校协调发展的格局。学校深化改革创新,聚焦建设任务,科学编制建设方案和任务书,健全责任机制,确保建设成效。

四、"双高计划"支持重点

"双高计划"面向独立设置的专科高职学校,坚持质量为先、改革导向、扶优扶强。项目遴选不分所有制性质、不分地域、不分规模,重点支持就业率高、毕业生水平高、社会支持度高,校企结合好、实训开展好、"三教"质量好的学校。

五、"双高计划"申报条件

申报"双高计划",须同时符合《遴选管理办法》第十、十一、十二条要求。符合要求的每所学校可申报两个专业群,每个专业群一般包含3—5个专业。

六、"双高计划"专业群

"双高计划"专业群应对接国家和区域主导产业、支柱产业和战略性新兴产业重点领域。群内专业应有共同的服务面向,既要在教学资源、合作企业等方面共建共享,还要分工协作、特色发展。通过建设,形成专业群对接产业、动态调整、自我完善的发展机制,发挥群内专业的集聚效应和服务功能,实现人才培养供给侧和产业需求侧结构要素全方位融合。

七、"双高计划"遴选程序

项目遴选包括学校申报、省级推荐、遴选确定三个环节。符合申报条件的学校自愿申报，按要求向省级教育行政部门提交申报材料。省级教育行政部门会同财政部门对学校申报资格进行审核并择优遴选，公示无异议后报教育部、财政部。两部委托项目建设咨询专家委员会开展项目遴选。专委会根据遴选标准，对学校和专业群分别评价、综合排序，提出推荐单位。两部审核、公示并公布结果。

八、"双高计划"立项类别

"双高计划"按高水平学校和高水平专业群两类布局。高水平学校分三档支持：A档10所、B档20所、C档20所左右。高水平专业群分三档支持：A档30所、B档60所、C档60所左右。根据年度资金安排，中央财政通过相关转移支付引导支持建设一批，地方和学校自筹资金建设一批。

九、"双高计划"实施管理

"双高计划"项目学校根据审定意见修订完善建设方案和任务书，报两部备案并启动建设。备案的建设方案和任务书原则上不作调整。建设过程中确需调整，须经省级教育、财政部门核准并报两部备案。每个支持周期结束，项目学校按要求提交验收报告，经省级验收后报两部复核。复核结果予以公布，并作为下一周期项目遴选的重要依据。

十、"双高计划"项目管理

"双高计划"的建设绩效实行年度评价。绩效评价结果作为调整项目资金支持额度的重要依据。对资金筹措有力、建设成效显著的项目，加大支持力度；对资金筹措不力、实施进展缓慢、建设实效有限的项目，提出警告并酌减资金支持额度；对出现重大问题、经整改仍无改善的项目，中止其建设。中止建设的项目学校不得再次申请"双高计划"项目。

（来源：中国高职高专教育网，2019-04-19，https：//www．tech．net．cn/web/articleview．aspx？id＝20190419091516015＆cata＿id＝N513）

3. 关于"双高计划"申报通知的十问答

2019 年 4 月 19 日,教育部办公厅、财政部办公厅联合印发《关于开展中国特色高水平高职学校和专业建设计划项目申报的通知》(教职成厅函〔2019〕9 号),明确了项目申报有关事项。

一、立项范围和数量

围绕国家重大战略和区域支柱产业,首轮立项建设 50 所左右高水平高职学校和 150 个左右高水平专业群,重点布局在现代农业、先进制造业、现代服务业、战略性新兴产业等技术技能人才紧缺领域。

二、工作流程

符合申报条件的学校自愿申报,按要求向省级教育行政部门提交申报材料。省级教育行政部门会同财政部门对学校申报资格进行审核并择优遴选,公示无异议后报教育部、财政部。两部委托项目建设咨询专家委员会开展项目遴选推荐,对推荐结果进行审核、公示并公布结果。

三、学校申报时间

申报学校须于 2019 年 5 月 15 日前登录教育部官网职成司主页(http://www. moe. gov. cn/s78/A07/)"中国特色高水平高职学校和专业建设计划"专栏"双高计划项目管理系统",按要求填写申报书,上传建设方案及佐证材料电子版。

四、省级推荐时间

省级教育行政部门会同财政部门须于 2019 年 5 月 31 日前完成省级推荐工作,通过"双高计划项目管理系统"提交推荐信息,并将省级推荐函和学校申报材料纸质版一并报送至教育部职业教育与成人教育司。

五、指标统计截止时间

"双高计划"基本条件各项指标的统计截止时间为 2019 年 2 月 28 日,同《关于〈高等职业教育创新发展行动计划(2015—2018 年)〉执行情况及 2018 年有关工作完成情况的通报》(教职成司函〔2019〕20 号)数据统计截止时间。

六、标志性成果认定

"双高计划"项目申报单位的标志性成果认定,以国家有关部门发文公布的荣誉、奖励、立项为依据。其中,涉及个人成果的所属单位认定,以正式发文中成果所在单位为准。

七、申报表数据来源

"双高计划"申报表相关数据主要来源为"高等职业院校人才培养工作状态数据采集与管理平台"(以下简称"数据平台")。申报表中标"＊"内容部分从"数据平台"中提取。如数据异常需修改,学校须向省级教育行政部门提出书面申请,说明修改缘由,省级教育行政部门审核确认后报教育部职成司。

八、学校申报材料要求

学校申报材料包括:《申报书》(须通过"双高计划项目管理系统"打印并签章,15 份)、建设方案(学校总体建设方案和两个专业群建设方案合并装订,不超过 120 页,15 份)、佐证材料(不超过 200 页,5 份),材料双面打印,A4 纸装订。

九、专业群命名规则

为统一规则,"双高计划"申报专业群以群内最能体现专业群特色的专业名称命名。组群专业可以属同一专业大类,也可以属不同专业大类。

十、双高计划项目管理系统

"双高计划项目管理系统"设置国家、省级、学校三级账户。教育部、省级教育行政部门、学校按照各自账户权限使用、维护和管理。省级用户名和初始密码由教育部负责分发和管理。学校用户名和初始密码由省级教育行政部门负责分发和管理。各级账户首次登录后须及时修改初始密码,保证信息安全。

(来源:中国高职高专教育网,2019-04-19,https://www.tech.net.cn/web/articleview.aspx? id = 201904192204091678.cata _ id = N513)

4. "双高计划"遴选工作八问答

10 月 25 日,教育部、财政部公示了中国特色高水平高职学校和专业建设计划(简称"双高计划")拟建设单位名单。

一、项目遴选的依据

《教育部 财政部关于实施中国特色高水平高职学校和专业建设计划的意见》(教职成〔2019〕5 号,简称《实施意见》),明确了项目遴选的工作原则;《中国特色高水平高职学校和专业建设计划项目遴选管理办法(试行)》(简称《遴选管理办法》),明确了项目遴选的标准和程序;《教育部办公厅 财政部办公厅关于开展中国特色高水平高职学校和专业建设计划项目申报的通知》(教职成厅函〔2019〕9 号,简称《申报通知》),明确了项目遴选的组织与实施。

二、项目遴选的原则

《实施意见》明确了项目遴选坚持扶优扶强的原则,即质量为先、以点带面,兼顾区域和产业布局,支持基础条件优良、改革成效突出、办学特色鲜明的高职学校和专业群率先发展,发挥示范引领作用。《遴选管理办法》明确了省级、学校、专业三个层面的基本条件,尤其是学校层面的 9 项标志性成果,均是近年来教育部统一部署推动、面向高职战线的重大改革任务,均面向全部高职学校且经过竞争遴选,突出机会公平和过程公平。

三、项目遴选的程序

项目遴选包括学校申报、省级推荐、两部委托遴选确定等3个环节。首先,符合申报条件的学校自愿申报,按要求向省级教育行政部门提交申报材料。其次,省级教育行政部门会同财政部门对学校申报资格进行审核并择优遴选,公示无异议后报教育部、财政部。最后,两部委托项目建设咨询专家委员会(简称"专委会")开展项目遴选。专委会根据遴选标准评价排序,提出推荐单位名单。两部审核、公示并公布结果。

四、专委会的组成

专委会是受教育部、财政部委托,为"双高计划"提供业务咨询的专家组织。专委会委员由有关行业主管部门、学校、科研机构、行业企业专家组成。专委会实行任期制,每届任期5年,设主任1名、副主任2名、委员若干名,其主要职责是:研制"双高计划"建设单位遴选标准和考核标准;评审建设方案和任务书;为项目建设提供咨询服务。

五、拟建单位分布情况

从省份布局看,公示的197所拟建单位覆盖了29个省份。从专业布局看,申报的389个专业群覆盖了18个高职专业大类,布点最多的五个专业大类分别是装备制造大类、交通运输大类、电子信息大类、财经商贸大类、农林牧渔大类。从产业布局看,服务面向战略性新兴产业的专业群有113个,面向现代服务业的112个,面向先进制造业的100个,面向现代农业的32个,其他32个。

六、项目建设方案如何备案

"双高计划"立项建设单位根据立项类别和专家意见,结合预算安排,完善建设方案,明确绩效目标,编制建设任务书,经省级教育、财政部门核准,报两部备案并启动建设。备案的建设方案和任务书原则上不作调整。如建设过程中确需调整,须经省级教育、财政部门核准并报两部备案。

七、项目建设绩效如何考核

"双高计划"全面实施项目绩效管理。绩效评价结果将作为调整项目经费支持额度的重要依据。对资金筹措有力、建设成效显著的项目,加大支持力度。对资金筹措不力、实施进展缓慢、建设实效有限的项目,提出警告并酌减资金支持额度。对出现重大问题、经整改仍无改善的项目,中止项目建设。中止建设的项目单位不得再次申请"双高计划"项目。

八、项目如何动态管理

"双高计划"每五年一个支持周期,实行总量控制、动态管理,年度评价、期满考核,有进有出、优胜劣汰的管理机制。"双高计划"每个支持周期结束,立项建设单位按要求提交验收报告,经省级验收通过后报两部复核。复核结果予以公布,并作为下一周期项目遴选的重要依据。

(来源:教育部网站,2019-10-25)

5."双高计划"是要走改革的路,而不是走升格的路

王继平

新华网重庆 2019 年 5 月 10 日电(郭亚丽)今年,教育部、财政部发布《关于实施中国特色高水平高职学校和专业建设计划的意见》(简称"双高计划"),高职院校"双高计划"有了施工图。在教育部今日召开的新闻发布会上,教育部职业教育与成人教育司司长王继平就相关情况回答了记者提问。

王继平介绍,"双高计划"是近些年在高等职业教育方面又一个新的计划,在十年前,我们实施过一个"示范高职"的计划,那时候主要是在高等职业教育蓬勃兴起的背景下,从高职院校中挑选出一批具有代表性的各方面条件都比较好的学校作为代表,先选了 100 所,后来又选了 100 所,一共是 200 所,前面叫"示范高职",后面叫"骨干高职",叫示范(骨干)学校。"这 200 所学校选出来之后,它们确实在高职院校中起到了示范和骨干的作用。但是这个项目结束之后,后面高等职业院校到底往何处去?是升格还是升级?有些学校就判断成如何升成本科,走到了普遍本科的道路上去,如果不及时进行引导,很可能就走到'同质化'的道路上去了。"

王继平表示,我们实施"双高计划"就是来解决"后示范"之后,高等职业教育往何处去的问题的,明确提出一定要体现出中国特色、高水平这两个特点。在中国办的高等职业技术学院就是要主动服务当地经济,要在业内大家都认可的,在国际上是可以交流的这样一批学校,走出自己的一条路,坚定地走职业教育这条路,而不是走别的路,要走改革的路,而不是走升格的路。这就是我们实施"双高计划"的用意。特别是"职教 20 条"出台之后,第一句话提出来,职业教育与普

通教育是两种不同教育类型,具有同等重要地位,这意味着我们在职业教育的认识上到了一个新的高度。围绕这样一种认识,继续推动中国特色职业教育体系的建设,在中国、在我们职业教育领域,也有不同的层次,也有自己的很优秀的学校。首先在高职抓,因为它是职业教育的高层次,我们要把这个龙头舞起来,发挥引领作用。在建设过程中,我们首先要坚持职业教育的发展方向,坚持服务发展、促进就业的基本办学指导思想、办学方向不动摇,不能走老路,要走改革之路,要走新路。这项工作已经开展,现在还谈不上成效。因为刚刚进行申报,文件刚刚出来。各地也都在积极申报,我们的目标是要通过这样一个项目的建设,找出职业教育发展的方向、一条有特色的道路,形成我们自己的中国方案。

王继平强调,在理解职业教育与普通教育上,要掌握三层意思。

第一,要认识到同为教育,不管是普通教育还是职业教育,都是教育,这是一定要坚持的前提,同样要按照党的教育方针来办,同样要坚持立德树人的根本任务,同样要遵循教育的基本规律,不能把它跑偏了。

第二,职业教育是不同的教育类型。在两种教育办学的过程当中,对职业教育来讲,我们强调的是要坚持服务发展、促进就业这一个基本导向,要坚持产教融合、校企合作、工学结合、知行合一这一个基本规律,要克服我们在教育发展过程当中的普教化、同质化倾向,强调它是不同的类型,不要办着办着,最后走到老路上去了,要强调它跟产业的结合、跟需求的结合、跟人民生活的结合。同时,还要充分体现终身教育的理念,体现全民教育的理念。在这次高职扩招当中已经有了这个开始,职业教育不仅仅是适龄学生的教育,还是学龄之外所有人员接受教育的途径。

第三,同等重要,在发展过程当中,要把职业教育放到与普通教育同等重要的位置上进行制度安排。"不管是在资金支持、政策扶持,还是在改革方面,都要积极进行推进,来帮助它,而不要轻视它、歧视它。在这类教育的体系建设上,我们要逐渐建设起不同层次的教育,根据需求来进行建设。同时,学生毕业之后,我们还要给他同样的待遇,不能因为他是职教的毕业生,我们就在使用上、落户上、工资上、职称上或者招聘上给他歧视。这些都体现了同等重要的地位。"王继平说。

(来源:新华网,2019-05-10)

6.中国特色高职教育发展的方位、方向与方略

谢俐

2019 年 1 月 24 日,国务院印发《国家职业教育改革实施方案》(以下简称《方案》),提出一系列新目标、新论断、新要求,这是办好新时代职业教育的顶层设计和施工蓝图;3 月 29 日,教育部、财政部印发《关于实施中国特色高水平高职学校和专业建设计划的意见》(以下简称《意见》),重点支持一批优质高职学校和专业群率先发展,引领新时代职业教育实现高质量发展。高职教育要牢牢抓住大有可为的发展机遇期,立足时代、提高站位、把握使命,明确发展的方位、方向与方略,遵循规律、改革创新、提质升级,在新的起点上迈向更高水平。

一、方位:高职教育已经站在新的历史起点

高职教育是我国首创的教育类型。伴随改革开放后经济转型升级,高职教育从无到有、从小到大、从弱到强,探索形成了一套具有中国特色的教育模式,把一批又一批高素质技术技能人才输送到生产建设管理服务第一线,加速了中国经济社会发展进程。

(一)伴随改革开放,成为经济社会发展的有力支撑

党的十一届三中全会后,党和国家的工作重心转向以经济建设为中心,急需大量技术技能人才。国家引导传统专科人才培养向高职教育转型,一些地方建设了职业大学,开始了高职教育的探索。世纪之交,伴随着我国高等教育招生规模的扩大,高职教育也迅速扩张,基本每个地市至少建有一所高职院校,其招生规模达到高校招生数的一

半,为推进我国高等教育大众化做出了历史性贡献。进入 21 世纪以来,在国家示范性高等职业院校建设计划、高等职业教育创新发展行动计划等项目的引领下,高职院校全面深化内涵建设,创新办学体制机制,改革人才培养模式,人才培养水平和社会服务能力不断提升。目前,全国共有高职院校 1418 所,高职在校生达到 1134 万人,58 万个专业点覆盖了国民经济的主要领域,毕业生半年后就业率在 90％以上。高职生绝大部分来自农村和城市中低收入家庭,近三年来,850 万个家庭通过高职教育拥有了第一代大学生,高职教育有力促进了教育公平、社会公平。据统计,在现代制造业、战略性新兴产业和现代服务业等领域,一线新增的从业人员 70％以上来自职业院校,其有力提升了我国人力资本素质,支撑了经济社会发展。

(二)持续改革探索,形成具有中国特色的教育模式

高职教育是具有鲜明中国特色的教育模式,是中国对世界教育的独特贡献。高职教育先行先试、改革创新,在专业建设、人才培养、校企合作、条件保障、质量评价等方面,探索形成了一系列理念模式和制度标准。一是健全产教融合机制。建立了 56 个行业职业教育教学指导委员会,组建了 1400 多个职教集团,覆盖了 90％的高职学校。布局了 409 个由高职院校牵头的现代学徒制试点,每年惠及近 6 万名学生(学徒),探索"招生即招工、入校即入厂、校企联合培养"的现代学徒制培养模式。跟踪产业发展,修订专业目录,指导高职院校动态调整专业布局,进一步确立了政府调控与高等职业院校自主设置配合配套的专业动态调整机制。二是率先完善办学标准体系。2011 年首次制定发布了 410 个高职专业教学标准,之后逐步建设了涵盖学校设置、专业建设、教学标准、经费投入、教师队伍、学生实习等环节的制度标准体系。高职专业教学标准、顶岗实习标准、仪器设备装备规范等从无到有,填补了我国职业教育的空白。三是率先开展考试招生制度改革。高职教

育分类考试招生制度改革是国家高考招生改革的先行者和探索者。2006年起,即开展了示范高职院校单独考试招生改革试点;2013年,明确了基于高考的"知识＋技能"招生、单独考试招生、综合评价招生、对口招生、中高职贯通招生、技能拔尖人才免试招生等6种招生方式;2018年全国高职院校分类考试占当年高职招生计划总数的54%,避免了"千军万马挤独木桥"现象,为学生接受高职教育提供了多种入学渠道。四是创造性地构建了高职自己的质量保障制度。率先建立学校、省、国家三级质量年度报告制度,率先分类指导学校建立教学工作诊断与改进制度,发挥学校的教育质量保证主体作用,构建校内全员全过程全方位的质量保证制度体系。高职教育的创新探索,带动了职业教育改革,优化了高等教育结构,使其成为教育现代化进程中的活跃因素和重要力量。

(三)面对更高要求,到了下大力气抓好的时候

我国高职教育发展虽然取得了显著成就,但与教育现代化的目标相比,与建设教育强国的要求相比,与服务建设现代化经济体系的使命相比,仍存在一些突出的问题和不足。主要有:一是职业教育体系建设不够完善,本科层次职业教育还很薄弱,技术技能人才向上成长的渠道还不通畅;二是制度标准不够健全,办学特色不鲜明,很多方面参照普通教育办学,实训基地建设有待加强,教材、课程与生产实际脱节且滞后于产业发展和技术进步;三是各地对高职教育的支持力度不平衡,有的没有把职业教育摆在更加突出的位置,生均经费等保障政策还不健全,企业参与办学的积极性不高;四是部分高职院校发展自信不足,不是集中力量立足本位、提高质量、办出特色,而是把工作的着力点放在了推动学校升格上;五是"崇尚一技之长、不唯学历凭能力"的良好氛围还未形成,技术技能人才在就业和发展上还存在遭受不平等待遇的情况,导致高职教育社会吸引力不强。随着我国进入新的发展阶

段,产业升级和经济结构调整不断加快,各行各业对技术技能人才的需求越来越紧迫,高职教育的重要地位和作用越来越凸显,到了必须下大力气抓好的时候。

二、方向:努力办好中国特色高水平高职教育

中国教育已经进入世界中上行列,发生全方位变化,实现系统性提升,取得历史性成就。党的十九大提出"完善职业教育和培训体系";《方案》要求,把职业教育摆在教育改革创新和经济社会发展中更加突出的位置,大幅提升新时代职业教育现代化水平;《意见》提出,集中力量建设一批引领改革、支撑发展、中国特色、世界水平的高职学校和专业群。这为新时代高职教育发展提出了要求,指明了方向。

(一)把握根本遵循,坚定社会主义办学方向

习近平总书记在全国教育大会上的重要讲话为新时代教育改革发展提供了根本遵循。高职教育领域要深入理解把握讲话精神,用习近平总书记关于教育的重要论述武装头脑、指导实践、推动工作。要坚持党对教育事业的全面领导,保证党的路线方针政策决定能够不折不扣得到贯彻执行,充分发挥党组织在职业院校的领导核心和政治核心作用,牢牢地把握学校意识形态工作的领导权,做到党建工作与学校事业发展同部署、同落实、同考评,保证职业院校始终成为培养社会主义事业建设者和接班人的坚强阵地。

(二)把握根本任务,坚定人人出彩的培养方向

立德树人是教育工作的根本任务。高职教育要以德为先,落实好"六个下功夫",用习近平新时代中国特色社会主义思想铸魂育人,努力培养担当民族复兴大任的时代新人,培养德智体美劳全面发展的社会

主义建设者和接班人。要面向人人,深化考试招生和培养模式改革,为不同学习者提供多元化的入学渠道和学习方式,努力使教育选择更多样、成长道路更宽广。要育训并举,切实履行学历教育与培训并重的法定职责,面向在校学生和全体社会成员开展职业培训,为校园和职场之间的灵活转换提供更加便捷的通道,让更多青年凭借一技之长实现人生价值,让三百六十行人才荟萃、繁星璀璨。

(三)把握本质属性,坚定职业教育的类型方向

职业教育与普通教育是两种不同类型的教育,具有同等重要地位。高职教育具有高等教育和职业教育的双重属性,本质上是职业教育,以往的成功探索在于坚持了这一定位,以后的成功发展仍要坚持职业教育的类型方向。要深刻把握职业教育发展的本质要求、内在规律和阶段特征,坚持面向市场、服务发展、促进就业的办学方向,坚持高素质技术技能人才的培养定位,坚持产教融合、校企合作的办学模式,坚持德技并修、工学结合的育人机制,实现高职教育由参照普通教育办学模式向企业社会参与、专业特色鲜明的类型教育转变。

(四)把握时代要求,坚定更高质量的发展方向

当前,我国社会主要矛盾已经转化为人民日益增长的美好生活需要和不平衡不充分发展之间的矛盾,我国经济已由高速增长阶段转向高质量发展阶段。高职教育要把高质量供给作为发展方向,满足人民群众和经济社会对优质多层多样高职教育的需要。要大力推进教育理念、体系、制度、内容、方法、治理现代化,着力提高教育质量,使高职教育成为广大考生和家长的"优质选项"。要支撑国家战略发展,融入区域产业发展,提升服务产业转型升级的能力,为中国产业走向全球产业中高端层面提供高素质技术技能人才支撑。要服务"一带一路"和国际产能合作,开发国际通用的专业标准和课程体系,推出一批具有国际影响力的高质量专业标准、课程标准、教学资源,打造中国职业教育国际品牌。

三、方略:打一场高职教育提质升级攻坚战

当前,高职教育发展方向已经明确,实现高质量发展还要付出巨大努力。我们要改革创新,攻坚克难,聚焦重点、难点和热点,破除制约事业发展的体制机制障碍,把心静下来,把劲鼓起来,把步子迈出来,打一场高职教育提质升级攻坚战。

(一)实施"双高计划",舞起发展龙头

最近,教育部、财政部联合启动中国特色高水平高职学校和专业建设计划(以下简称"双高计划"),准备集中力量建设 50 所左右高水平高职学校和 150 个左右高水平专业群,打造技术技能人才培养高地和技术技能创新服务平台。从示范(骨干)校建设,到优质校建设,再到"双高计划",并不是简单的优中选优,而是以持续的政策供给,有计划、有步骤、有重点地推动职业教育发展。从工作定位来讲,"双高计划"对高职教育战线而言,是要在后示范时期明确优秀学校群体的发展方向;对职业教育战线而言,明确如何引领新时代职业教育改革创新、加快实现职业教育现代化;对经济社会发展而言,明确如何服务国家战略和回应民众关切。从工作目标上讲,"双高计划"就是要坚定走中国特色职业教育发展道路,坚持扶优扶强与提升整体保障水平相结合,着力建设一批促进区域经济转型发展、支撑国家战略、具有国际先进水平的高职学校,着力建设一批服务、支撑、推动国家重点产业和区域支柱产业发展的高水平专业群,实现"当地离不开、业内都认同、国际可交流"。

（二）深化改革创新，增强发展动力

改革是教育事业发展的根本动力，高职教育是深化教育改革的重要突破口。要坚持改革创新的鲜明导向，更加注重改革的系统性、整体性、协同性，以改革激活力、增动力。

一是深化产教融合、校企合作的体制机制改革。产教融合、校企合作是职业教育的基本办学模式，是办好职业教育的关键所在。要完善行业企业参与办学的体制机制和支持政策，支持建设一批行业指导的跨区域大型职业教育集团，遴选培育一批服务重点产业领域的产教融合型企业，推动建设一批具有辐射引领作用的产教融合实训基地，进一步提高行业企业参与办学程度，推动职业院校和行业企业形成命运共同体。高职院校要根据自身特点和人才培养需要，主动与行业领先企业在人才培养、技术创新、就业创业、社会服务、文化传承等方面开展合作，形成校企命运共同体。以技术技能积累为纽带，建设人才培养与技术创新平台，促进创新成果与核心技术产业化，重点服务企业特别是中小微企业的技术研发和产品升级；加强与地方政府、产业园区、行业深度合作，建设产教融合平台，服务区域发展和产业转型升级；进一步提高专业群集聚度和配套供给服务能力，与行业领先企业深度合作，建设技术技能平台，服务重点行业和支柱产业发展。

二是深化德技并修、工学结合的育人机制改革。青年高职学生正处于人生的"拔节孕穗期"，最需要精心引导和栽培。要开好思政课，增强德育针对性、实效性，把社会主义核心价值观融入人才培养全过程中，引导学生增强中国特色社会主义道路自信、理论自信、制度自信、文化自信。要健全德技并修、工学结合的育人机制，深化人才培养模式改革，把劳模精神和工匠精神融入国家教学标准中，推进职业技能和职业精神培养高度融合。要推动职业院校教师、教材、教法"三教"改革，

完善"双师型"特色教师队伍建设,建设引领教学模式改革的教师创新团队;健全教材建设规章制度,组织建设量大面广的专业核心课程教材,遴选发布一批校企"双元"合作开发的国家规划教材;普及推广项目教学、案例教学、情景教学、工作过程导向教学等,推广混合式教学、理实一体教学、模块化教学等新型教学模式。总结现代学徒制试点经验,校企共同研究制订人才培养方案,及时将新技术、新工艺、新规范纳入教学标准和教学内容,强化学生实习实训。启动"学历证书+若干职业技能等级证书"制度试点(即"1+X"证书制度试点),鼓励职业院校学生在获得学历证书的同时,积极取得多类职业技能等级证书,拓展就业创业本领。加快推进职业教育国家"学分银行"建设,有序开展学历证书和职业技能等级证书所体现的学习成果的认定、积累和转换,为技术技能人才持续成长拓宽通道。按照"管好两端、规范中间、书证融通、办学多元"的原则,严把教学标准和毕业学生质量标准两个关口,规范人才培养全过程,提升人才培养质量。

三是深化德同业异、类型特色的评价制度改革。职业教育与普通教育是两种不同的教育类型,要克服"普教化""技能化"倾向,坚决破除"五唯",加快构建与类型特色相适应的多元评价机制。要综合评价学习者的职业道德、技术技能水平和就业质量,以及产教融合、校企合作水平,建立职业教育质量评价体系。完善政府、行业、企业、职业院校、用人单位、学生等共同参与的质量评价机制,积极支持第三方机构开展评估,将考核结果作为政策支持、绩效考核、表彰奖励的重要依据。尊重教育类型的多样性,加快建立"职教高考"制度体系,推动形成考试招生与人才培养的有效联动机制,使不同性格禀赋、兴趣特长、素质潜力的学生享有更多样的教育选择和更畅通的学业提升通道。推进教学诊断与改进工作,完善质量年度报告制度,健全质量自我保证机制。

(三)强化统筹协调,优化发展环境

一是构建标准体系。质量是有标准的,没有标准就没有质量。将标准化建设作为统领职业教育发展的突破口。建立健全学校设置、师资队伍、教学教材、信息化建设、安全设施等办学标准,引领职业教育服务发展、促进就业创业。实施教师和校长专业标准,提升职业院校教学管理和教学实践能力。持续更新并推进专业目录、专业教学标准、课程标准、顶岗实习标准、实训条件建设标准(仪器设备配备规范)建设和在职业院校落地实施。巩固和发展国务院教育行政部门联合行业制定国家教学标准、职业院校依据标准自主制订人才培养方案的工作格局。

二是增强工作合力。国务院职业教育工作部际联席会议制度已建立,进一步加强了国家对职业教育工作的领导。在该制度框架下,教育部门将加强与政府其他部门、行业组织的协调配合,加强中央与地方的衔接互动,强化统筹协调,形成办好新时代职业教育的工作合力。组建国家职业教育指导咨询委员会,对全国职业院校、普通高校、校企合作企业、培训评价组织的教育管理、教学质量、办学方式模式、师资培养、学生职业技能提升等情况,进行指导、考核、评估等。国务院已把职业教育作为教育领域激励对象,列入加大激励支持力度的重点内容,各地要切实履行好发展职业教育的主体责任,完善支持政策,促进职业教育融入区域经济社会发展。

三是健全投入机制。职业教育仍是我国教育体系的短板。各级政府要建立与办学规模、培养成本、办学质量等相适应的财政投入制度,地方政府要按规定制定并落实职业院校生均经费标准或公用经费标准。在保障教育合理投入的同时,优化教育支出结构,新增教育经费要向职业教育倾斜。鼓励社会力量捐资、出资兴办职业教育,拓宽办学筹资渠道。职业院校要以服务求发展,积极筹集社会资金,增强自我造血、自我发展功能。

四是提升管理水平。提升管理水平是促进职业院校内涵发展的现实要求,是提高人才培养质量的重要保障。常规管理是基础,是学校办学水平的重要体现。要加强教学组织管理及课堂教学建设,深入推进教学诊断与改进制度建设,形成常态化的内部质量保证体系和运行机制,建立和完善现代职业学校制度,提高学校管理工作规范化、科学化、精细化水平。加快智慧校园建设,促进信息技术和智能技术深度融入教育教学和管理服务全过程,改进教学、优化管理、提升绩效。综合运用大数据、人工智能等手段推进学校管理方式变革,提升管理效能和水平。

五是营造良好环境。继续办好"职业教育活动周"等活动,打造"武有技能大赛、文有文明风采"的形象品牌,推进地方政府统筹职业教育与区域发展布局,同步规划产教融合与经济社会发展,进一步落实中高职生均拨款制度,营造更好支持职业教育的政策环境。推动提高技术技能人才的政治待遇、经济待遇和社会待遇,消除城乡、行业、身份、性别等一切影响平等就业的制度障碍和就业歧视,着力提升职业教育吸引力,营造人人皆可成才、人人尽展其才的社会环境。

方位标示历史坐标,方向昭示时代使命,方略展示发展路径。我们要以习近平新时代中国特色社会主义思想为指导,奋力办好新时代高职教育,为加快教育现代化、建设教育强国做出新的贡献,为全面建成小康社会、全面建设社会主义现代化国家做出更大贡献。

(来源:《现代教育管理》2019 年第 4 期)

7. "双高计划"引领新时代职业教育高质量发展

高志研

日前,教育部、财政部联合印发《关于实施中国特色高水平高职学校和专业建设计划的意见》(简称《实施意见》),这是落实《国家职业教育改革实施方案》的重要举措,也是职业教育"下好一盘大棋"的重要支柱,将带动中国职业教育新一轮改革发展。

一、加快实现职业教育现代化的战略举措

"双高计划"以价值导向服务经济社会高质量发展。当前,我国经济发展转向高质量发展阶段,各行各业对技术技能人才的需求越来越紧迫。"双高计划"响应产业升级和经济结构调整要求,面向高端产业和产业高端,打造技术技能人才培养高地,服务中国产业走向全球产业中高端;深化产教融合、校企合作,推动高职学校和行业企业形成命运共同体。支撑国家战略、融入区域发展、服务产业升级,是"双高计划"重要的政策信号。

"双高计划"以问题导向强化职业教育类型特色。职业教育与普通教育是两种不同类型的教育,具有同等重要地位。目前,职业教育类型特色还不够鲜明,体量大而不强,校企有合作但不够深入,人才培养质量有待提高,体系还需完善。完善职业教育和培训体系,深化产教融合、校企合作,迫切需要发挥高职教育的龙头引领作用,创造可复制、可借鉴的改革经验和模式,引领职业教育改革发展。坚定职业教育发展方向与定位,探索职业教育高质量发展的实现路径,是"双高计划"深刻的政策内涵。

"双高计划"以目标导向促进职业教育现代化加快实现。高职教育是具有中国特色的办学形式,是我国教育改革的活跃因素。没有职业教育的现代化,就没有教育的现代化。《中国教育现代化 2035》开启了我国教育现代化新征程,对教育理念、体系、制度、内容、方法、治理等提出了一系列新目标,对职业教育现代化也做出了工作部署。虽然职业教育现代化的时间表和任务书已经明确,但实现路径仍需深入探索,尤其需要高职教育先行先试,率先发展。凝聚职业教育现代化的思想共识与行动共识,是"双高计划"鲜明的政策指向。

二、舞好职业教育高质量发展的"龙头"

"双高计划"明确一个定位——下好新时代职业教育改革发展先手棋。"双高计划"不仅是建设一批高职学校和专业,更是立足职业教育整体发展的引领性制度设计。近年来,国家实施一系列引领项目,示范校主要创新工学结合人才培养模式,骨干校重点完善校企合作体制机制,优质校着力深化产教融合、校企合作,通过扶优扶强、率先突破、带动整体建设模式的发展,加快了职业教育改革步伐。站在新的起点上,"双高计划"扎根中国、放眼世界、面向未来,支持一批高职学校和专业群先行先试,形成有效支撑职业教育高质量发展的政策、制度、标准,为职业教育改革发展和培养数以千万计的高素质技术技能人才发挥示范引领作用。

"双高计划"建设两个支点——打造技术技能人才培养高地和技术技能创新服务平台。"双高计划"着眼新时代新要求,引导高职学校深化改革、整体提升,聚焦服务面向、建设高水平专业群,紧密对接科技发展趋势和市场需求,打造技术技能人才培养高地。同时,直面高职技术研发薄弱的问题,围绕生产生活中的实际问题,加强应用研究、技术创新、成果转化,提升服务行业企业社会的技术附加值,打造技术技能创新服务平台。通过人才培养高地、创新服务平台两个支点，支撑国家重点产业和区域支柱产业发展。

"双高计划"达成三个要求——当地离不开、业内都认同、国际可交流。一是紧扣区域发展，精准对接区域人才需求，创新高职教育与区域产业融合发展的运行模式，探索差别化的职业教育发展路径，建设一批高素质技术技能人才培养培训基地，为地方经济社会发展提供不可替代的人才支撑。二是紧贴行业企业，以应用技术解决生产生活中的实际问题，切实提高生产效率、产品质量和服务品质，加强新产品开发和技术成果的推广转化，建成一批技术技能创新服务平台，让行业和企业都认同。三是紧跟"一带一路"建设和国际产能合作，集聚我国优质职业教育资源，通过院校合作、校企合作、政府援外等方式，探索与中国企业和产品"走出去"相适应的职业教育国际化模式，与国际社会共享、交流中国职业教育模式、标准和资源。

三、汇聚推动职业教育发展的合力

"双高计划"通过国家顶层设计，构建扶优扶强、持续推进的建设机制。"双高计划"对标国家教育改革发展步伐，整体设计改革发展任务，分段规划 2022 年、2035 年两个阶段的目标，根据经济社会发展水平、围绕国家战略需要，适时调整建设重点。在建设机制上不搞身份化终身制，动态管理，有进有出，优胜劣汰，通过周期支持、分段推进，持续保持项目张力。中央财政引导和激励，中央、地方、学校各自在职责范围内同向推进改革，着力破除制约职业教育发展的体制机制难题。建立统筹决策、研究咨询、分工落实、监督评价、总结推广的工作链条，完善项目组织管理。

"双高计划"需要地方统筹推进，构建多元参与、协同推进的支持体系。发展职业教育的主体责任在地方，建好"双高计划"，地方支持是关键。地方要充分发挥支持职业教育改革发展的积极性、主动性、创造性，多渠道扩大资源供给，构建政府、行业企业、学校协同推进"双高计划"的新机制。结合区域功能、产业特点，建立健全产教对接机制，优化职业学校和专业布局，构建以"双高计划"学校为引领，区域内高职学校协调发展的格局。加大资金和政策保障力度，新增教育经费向职业教育倾斜，对"双高计划"学校给予重点支持。着力推动高职学校和行业企业形成命运共同体，吸引行业企业以共建、共培等方式积极参与项目建设。进一步扩大院校办学自主权，建立健全改革创新容错纠错机制，鼓励高职学校大胆试、大胆闯。

"双高计划"强调学校主动作为，充分激发高质量发展的内生动力。着手综合改革和集中攻坚，找准突破口和增长点，实现重点突破和整体提升。"双高计划"启动只是高质量发展的起点，是否水平高最终还要看成效。列入计划的学校要聚焦学校和专业群建设，以人才培养为中心，围绕《实施意见》提出的"1 个加强""4 个打造"和"5 个提升"，科学制订建设方案，健全责任机制，持续深化复合型技术技能人才培养培训模式改革，健全德技并修、工学结合的育人机制，率先开展"1＋X"证书制度试点，创新高等职业教育与产业融合发展的运行模式，真正发挥带动区域职业教育改革发展的龙头作用。"双高计划"不能仅限于入选的学校和专业群，应是高职战线共同的目标方向，每所学校都应在高水平目标引领下，找准自身发展定位，持续深化改革，强化内涵建设，办出特色水平，实现高质量发展。

（来源：《中国教育报》2019-04-09）

8. 把握"双高计划"建设的三个关键

董　刚

　　近日,教育部、财政部联合启动实施中国特色高水平高职学校和专业建设计划,扎根中国、放眼世界、面向未来,集中力量建成一批引领改革、支撑发展、中国特色、世界水平的高职学校和专业群,引领职业教育服务国家战略、融入区域发展、促进产业升级,为建设教育强国、人才强国做出重要贡献。笔者认为,高职院校实施"双高计划",需要把握全面深化改革、产教深度融合、提升服务能力三个关键。

一、全面深化改革是根本动力

　　"双高计划"肩负着引领我国职业教育高质量发展、实现现代化的重要使命。机遇前所未有,挑战前所未有,墨守成规走老路,按部就班干工作,不可能办出中国特色、世界水平的高职教育。"双高计划"学校应全面深化改革,率先探索新时代中国特色职业教育发展模式。

　　提升学校发展格局。"双高计划"学校应强化使命感,在新时代经济高质量发展的大局中找准定位,把自身发展与国家需要紧密结合;增强发展自信,在国际职业教育发展的前沿上找准定位,打造中国职业教育国际品牌;把握类型教育特征,在实现职业教育现代化的进程里找准定位,探索职业教育高质量发展的实现路径。

　　完善高质量办学机制。落实高质量发展要求,瞄准国际先进水平,深入探索高质量发展的政策、制度、标准体系,全面推动学校提质升级;聚焦高端产业和产业高端,构建高水平人才培养体系,为中国产业走向全球产业中高端提供高素质技术技能人才支撑;健全治理体系,提升现代化管理水平,夯实高质量发展的基石。

做好长线谋划。"双高计划"每五年一个支持周期,规划设计到2035年。"双高计划"学校应摒弃短视思维和短期行为,强化战略思维和总体规划,深刻把握"双高计划"的政策指向和政策内涵,重新设计学校发展规划;依据学校发展规划,明确每个阶段的主攻点和突破口,科学编制项目建设方案,点面结合、长短结合,精准发力、综合施策,实现学校变轨发展、持续发展、高质量发展。

二、产教深度融合是发展主线

产教融合、校企合作是职业教育的基本办学模式,是办好职业教育的关键所在,也是"双高计划"的基本原则,核心是创新高等职业教育与产业融合发展的运行模式,为加快建设现代产业体系,增强产业核心竞争力提供有力支撑。

构建产教融合发展机制。发展职业教育的主体责任在地方。各地应把职业教育纳入地方经济社会发展总体规划,促进职业院校与经济社会发展实现同步规划、同步建设、同步发展;结合区域功能、产业特点探索差别化的职业教育发展路径,优化职业学校和专业布局,建立健全产教对接机制,促进人才培养与产业需求有机衔接;发挥"双高计划"学校引领作用,形成区域内职业学校协调发展格局。

打造校企命运共同体。"双高计划"学校应主动与行业领先企业合作搭建人才培养与技术创新平台,在人才培养、技术创新、就业创业、社会服务、文化传承等方面开展全方位合作;联合企业组建职业教育集团(联盟),建设产业学院和企业工作室、实训实践基地,合作开展"订单班"以及现代学徒制培养;以技术技能积累为纽带,促进创新成果与核心技术产业化,重点服务企业特别是中小微企业的技术研发和产品升级。

实现要素全方位融合。建立健全多方协同的专业群可持续发展机制,发挥专业群的集聚效应和服务功能,实现人才培养供给侧和产业需求侧结构要素全方位融合;共同研制科学规范、国际可借鉴的人才培养方案和课程标准,建设开放共享的专业群课程教学资源和实践教学基地;畅通校企人员双向流动渠道,建设引领专业教学模式改革的教师创新团队。

三、提升服务能力是重要任务

社会服务是高等职业教育的重要职责。为经济社会发展提供强有力的智力支持和人才保障,助力经济社会高质量发展,已成为高职院校的应然之态,也是衡量"双高计划"建设成效的重要标准。

服务国家重大发展战略。"双高计划"学校应在国家创新驱动战略中发挥重要的创新主体地位,服务"中国制造"和产业升级,为产业迈进中高端提供技术技能人才支撑;服务京津冀协同发展等区域发展战略,促进与区域产业的协调发展,推动区域资源共建共享;服务乡村振兴战略,广泛开展面向农业农村的职业教育和培训,积极为扶贫攻坚提供多种形式的资源供给;主动承担高职扩招任务,扩大优质教育资源受益面。

服务区域经济社会发展。"双高计划"学校应面向区域经济社会发展人才急需紧缺领域,大力开展高技能人才培训;以科技成果推广转化、产品研发、工艺改进、生产技术服务、科技咨询、技能大师培养等为主要内容,深度参与企业技术改造与更新,为行业企业创造新的效益增长点;主动开展技能补偿、拓展教育与培训等服务,提升民族传统工艺的高保真传承和高水平创新能力。

服务"走出去"国际化需求。"双高计划"学校应成为国际职教标准的参与者、中国方案的提供者、企业"走出去"的协同者。积极参与、主导职业教育国际规则与标准的研究制定,提升我国职业教育国际话语权;积极参与"一带一路"建设和国际产能合作,培养国际化技术技能人才;形成与企业和产品"走出去"相配套的发展模式,开展国(境)外办学,与"走出去"企业共建培养培训基地,面向当地员工开展技术技能培训和学历职业教育;增强跨境产教协同能力,探索援助发展中国家职业教育的渠道和模式,吸引"一带一路"沿线国家学生来华留学。

(来源:《中国教育报》2019-04-16)

9."双高计划"引导育训结合、德技并修

马树超　郭文富

近日,教育部、财政部印发《关于实施中国特色高水平高职学校和专业建设计划的意见》(简称"双高计划")。研读"双高计划"谋篇,可以看到"双高计划"的实施,不仅是贯彻"中国教育现代化 2035"的战略之举,也是落实《国家职业教育改革实施方案》(简称"职教 20 条")的关键行动。

首先,育训结合是中国特色职业教育发展模式的集中体现。

"双高计划"确定的总体目标是,到 2035 年,一批高职学校和专业群达到国际先进水平,引领职业教育实现现代化,为促进经济社会发展和提高国家竞争力提供优质人才资源支撑,并形成中国特色职业教育发展模式。这一总体目标,体现了中国职业教育现代化的目标,成为"中国教育现代化 2035"目标的重要组成部分。我们要充分认识"双高计划"的战略意义,"双高计划"不仅要使若干所高职学校和一批专业体现中国特色并达到世界水平,其重大意义更在于探索中国特色、世界水平的高职教育方案,优化人力资源供给,服务教育强国、人才强国和制造强国战略,使我国成为国际技术技能人才培养培训高地和国际技术技能创新高地。

"双高计划"将开展"学历证书+若干职业技能等级证书"制度试点(简称"1+X"证书制度)作为重要任务,这将对中国特色高职教育的育人与培训有机结合的经验形成有效补充,体现中国特色职业教育发展模式的基本内涵。学历证书是对完成规定学习任务的学生颁发的学历凭证,强调的是学校的育人功能和学生的成人成长成才,有利于逐步养成学生的自我约束力、学习能力,解决和处理问题的能力,夯实学

生可持续发展的基础,使之一生都能受益;职业技能等级证书则与职场就业活动紧密相关,强调的是直接从事某一职业和岗位工作所需要的知识和技能,要求学生面对科技快速变化和技能淘汰更新的挑战通过不断学习和接受培训,拓展就业创业本领。

"1+X"证书制度是发展育训结合模式的关键举措,是高水平高职学校和专业建设坚持工学结合、知行合一的复合型技术技能人才培养培训模式的落地,有助于高水平培育学生的认知能力、合作能力、创新能力和职业能力。中国高职教育30多年的发展实践证明,育人与培训一体化的"育训结合"模式,不仅能使学生获得直接就业技能,也使学生能够有效地获得非认知技能,特别是学生在学习自信、沟通交流和情感等方面的能力,凸显了1+1>2的效果。

其次,德技并修是中国特色高水平高职教育立德树人的根本特征。

实施"双高计划"的基本原则,第一就是要坚持中国特色,扎根中国大地,全面贯彻党的教育方针,坚定社会主义办学方向,完善职业教育和培训体系。强调"中国特色",是"双高计划"的基本出发点和落脚点。进入21世纪以来,高职院校发展立足国情、教情、省情、校情,遵循教书育人规律和技术技能人才成长规律,坚持育德与修技并举、立德树人与服务经济社会并重,形成了扎根中国大地办教育的鲜明特征。

"双高计划"多次强调立德树人的重要性,这是落实"中国教育现代化2035"关于更加注重以德为先、更加注重全面发展的基本理念要求的体现。在快速变化的技术技能世界中,职业教育面临重大挑战,一个挑战是现代科技的日新月异,信息技术无孔不入,渗透到每一个领域;另一个挑战来自中国社会传统和现实唯文凭、唯升学的评价取向,而职业教育面对的学生又往往存在学习动力较弱和学习习惯较不好等问题,既要让学生掌握就业技能,还要求学生能够适应社会快速变化的需要,德技并修的任务十分艰巨。

这就要求高水平高职学校的教学安排更重视学生的体验和获得

感,要围绕学生发展进行教学设计。我们在2019年中国高职质量年报的编写中,专门设置了"学生反馈表",反映学生的在校体验,引导学校更加关注教书育人,把育德、修技融入专业教学全过程,融入思想道德教育、文化知识教育、社会实践教育各环节,不仅要围绕这个目标来设计专业教学体系、课程教材体系和教学管理体系,还要努力提高学生学习技术技能的能力,有效提高学生获得知识和技能的可迁移性。

再次,育训结合、德技并修对强化产教融合、校企合作提出更高的要求。

"职教20条"明确提出职业教育要由参照普通教育办学模式向企业社会参与、专业特色鲜明的类型教育转变。换言之,如果不具有鲜明的专业特色,职业教育就难以成为与普通教育不同的类型教育。实践证明,专业特色不鲜明的职业教育、与普通教育大同小异的职业教育,难以受到社会的欢迎,难以适应经济产业升级的需要。职业教育作为一种类型教育,就要体现其类型教育的特点,而强化这个特点,必须进行产教融合、校企合作。

落实育训结合、德技并修,要求大力推进产教深度融合,提升工学结合育人水平。"双高计划"在提升校企合作水平方面站位更高,提出了"把握全球产业发展、国内产业升级的新机遇,主动参与供需对接和流程再造,推动专业建设与产业发展相适应,实质推进协同育人"的更高要求,这就需要重视传统学校教育体系难以面向市场的缺陷,鼓励和支持市场优秀力量进入专业教学改革和推广领域,把产业发展对职业岗位的关键要求融入专业教学标准和大纲等教学资源中,全面提高教学资源水平,优化教学过程,提高学生职业胜任力,增强学校服务贡献力。在此基础上,高水平高职学校和专业更要积极打造德技兼备、育训皆能的工匠之师,提高专业教师对接产业发展的能力以及吸收产业先进技术元素的动力,用高水平的"双师"培养高素质技术技能人才。

围绕育训结合、德技并修,加快推进职业教育评价和技术技能人才评价改革。职业教育是"五唯"评价的受害者,正是社会上"五唯"的顽瘴痼疾,影响了技术技能人才成长的社会认可度和配套政策,使职业教育难以走出困境。这次"职教 20 条"对完善职业院校设置标准提出了大改革的要求,这就是按照产教融合的"三个对接"——专业设置与产业需求对接、课程内容与职业标准对接、教学过程与生产过程对接,来完善职业院校设置标准,推动职业教育走出"自娱自乐"的"围城"。"双高计划"在项目遴选上提出"坚持质量为先、改革导向",明确"对职业教育发展环境好、重点工作推进有力、改革成效明显的省(区、市)予以倾斜支持",就是要按照"三个对接"来判断类型教育的特色是不是鲜明,实质推进校企协同育人的效果是不是明显,职业教育与普通教育"同为教育、不同类型、同等重要"的认识是不是落地,使教书育人成为高职院校教学实践活动的共同理念、价值标准和行为规范,推动高水平高职学校和专业建设成为育训结合、德技并修的中国特色职业教育发展典范。

（来源:《中国教育报》2019-04-23）

10. 在"双高计划"建设中加强党的领导

周建松

中国特色高水平高职学校和专业建设计划作为推进中国教育现代化的重要决策,已经写入《中国教育现代化 2035》和《国家职业教育改革实施方案》,《教育部 财政部关于实施中国特色高水平高职学校和专业建设计划的意见》也正式发布。作为党中央、国务院的重大决策,它必将对我国高等职业教育的发展产生积极而重大的影响,在中国特色、世界水平的高职学校建设和中国特色现代职业教育体系建设中发挥引领作用。如何在"双高计划"建设进程中加强党的领导,是我们必须回答好的重大课题。

一、加强党的领导是"双高计划"建设的重大政治前提

党的十九大报告强调,中国共产党的领导是中国特色社会主义最本质的特征和中国特色社会主义制度的最大优势。《中国共产党章程》规定:"党政军民学,东西南北中,党是领导一切的。"上述论述既明确了在中国特色社会主义建设进程中坚持和加强党的领导的必要性和重要性,也明确了党的领导是全方位的,是全面的,覆盖经济、政治、文化、社会、生态等各个领域。党的领导是全过程的和全方位的,既包括党政机关、企事业单位以及各种社会团体,更包括制定法律法规和规章制度及治国理政的各方面和全过程,主要体现在总揽全局、协调各方,以此来落实强化"四个意识"、坚定"四个自信"、切实做到"两个维护",始终与以习近平同志为核心的党中央保持高度一致。坚持在中国共产党领导下,扎根中国大地办学,培养中国特色社

会主义建设者和接班人的鲜明立场,确保社会主义办学方向不动摇不偏航。

二、加强党对"双高计划"建设的领导必须聚力立德树人

一是要深入推进习近平新时代中国特色社会主义思想进教材、进课堂、进头脑;培育和践行社会主义核心价值观,努力构建起全员、全过程、全方位育人体系,以价值引领为前提,抓好知识传授、能力培养,切实把立德树人根本任务落到实处。

二是要切实办好思想政治理论课。认真贯彻全国高校思想政治工作会议精神和习近平总书记在学校思想政治理论课教师座谈会上的重要讲话精神,把思想政治理论课当作立德树人的关键课程来抓,努力按照"六项要求"建设高水平师资队伍,按"八个相统一"建设高质量思想政治理论课程,同时抓好课程思政的落实,各类课程与思想政治理论课同向同行,形成协同效应。

三是明晰高职学校服务国家战略和区域经济社会发展的定位。坚持高水平高职学校为人民服务、为中国共产党治国理政服务、为改革开放和社会主义现代化建设服务、为中国特色社会主义服务的方针,着力为区域经济社会发展培养高素质技术技能人才,发展高质量培训,服务区域经济和中小微企业转型升级,同时致力于服务制造强国建设、实体经济振兴、创新驱动发展、脱贫攻坚、乡村振兴、军民融合、区域协调发展等重大战略以及"一带一路"倡议。

三、培养造就"双带头人"是"双高计划"建设中党建工作重点

"双高计划"采用高水平学校和高水平专业群相结合的"双高"模式。高水平专业群建设是"双高计划"的重要内容,并为高水平学校建

211

设奠定基础,因此,高素质高水平专业带头人队伍建设将成为重中之重。

一是要充分认识高素质高水平专业带头人建设的重要性。专业带头人是专业人才培养方案的制订者和实施者,也往往是专业重要课程的担纲者,更是专业教育的组织者、专业文化的培育者,还是专业学生就业和职业发展的引领者,因此,专业带头人影响乃至决定着专业建设的方向和内涵,其地位和影响十分重要。

二是要切实贯彻"双带头人"队伍建设工作总要求。专业带头人的重要性决定了"双带头人"培养的必要性。《中共教育部党组关于高校教师党支部书记"双带头人"培育工程的实施意见》明确要求在 2020 年底前基本实现"双带头人"全覆盖,使教师党支部书记普遍成为"双带头人",在履行党的建设和专业建设双重责任中彰显"头雁效应",这应当是"双高计划"对高水平专业带头人党建工作的基本要求。

三是培养和造就一批政治强、业务精的高水平专业带头人。要按照明确选任标准、规范选拔方式、聚焦重点任务、着力培养培育、加强示范引领的工作要求,通过高水平专业群建设,在高职战线培育和打造一大批德技双馨的"双带头人",助推高职教育高质量发展。

四、把加强党的领导贯穿"双高计划"建设全过程

一是要在"双高计划"项目方案设计时充分体现党的领导,各级教育行政部门和高职学校要认真学习习近平总书记关于教育工作的重要论述,将其作为设计和制订项目建设计划和任务的根本遵循,把党的领导和党的建设作为项目建设的重要内容,以一流党建引领高水平建设。

二是要切实做到党建工作与项目建设同部署同落实。在项目实施过程中,要突出党的领导作用,坚持党的建设和专业建设、教育教学

改革一起布置、一同落实,真正把党委领导作用、党支部战斗堡垒作用和党员先锋模范作用发挥在建设计划和项目实施全过程中,根据工作需要,相关重大项目组可以成立临时党组织。

三是要把党建工作成效作为衡量计划和项目成效的重要内容,考核评价"双高计划",必须把党建工作重点任务的完成、党组织领导作用的发挥作为重要内容,真正做到党建和业务两手抓、两手硬,并落实好建设过程中的党风廉政建设责任制,确保"双高计划"建设和学校各项工作沿着正确方向行稳致远。

(来源:《中国教育报》2019-04-30)

11. "双高计划"引领职业教育向类型教育发展

潘海生

高等职业教育是我国现代职业教育体系的重要组成部分,是职业教育类型化发展的引领者,是优化高等教育结构和培养大国工匠、能工巧匠的重要途径。中国特色高水平高职学校和专业建设计划("双高计划"),是继高职示范校(骨干校)项目之后,对面对以人工智能、互联网＋、大数据为主的新经济、新技术、新业态的新一轮产业革命挑战的中国高等职业教育的重要战略部署,对于职业教育向类型教育发展具有重要的历史和战略意义。

"双高计划"引领现代职业教育人才培养理念变革。职业教育与普通教育一样,是人人可以成才、人人可以出彩的教育。回顾我国职业教育特别是高等职业教育的发展历程,其人才培养目标逐渐向培养复合型技术技能人才,德智体美劳全面发展人才,知识型、技能型、创新型劳动者转变。这就要求中国特色高水平高职学校在不断提升社会服务能力的同时,树立以学生为中心的理念,在人的全面发展与服务经济社会中寻求平衡,注重对学生职业素养、通识能力和可持续学习能力的培养,为学生可持续的职业发展提供可能。

"双高计划"引领职业院校办学理念的变革。面对新经济新技术带来的生产技术、组织模式快速变化,在培养服务区域发展的高素质技术技能人才之外,重点服务企业特别是中小微企业的技术研发和产品升级成为高职学校办学功能的重要延伸。这需要中国特色高水平高职学校明确其不同于普通大学以基础性、原理性研究为重点的科研创新定位,应聚焦于中小微企业生产工艺等应用性研究,探索符合自身特色的技术创新模式,成为区域产业优化升级的重要创新源、技术源和人才源,使技术创新成为高职学校内在基因,探索技术创新与教育教学的有机互动模式,以技术创新反哺教学,实现技能人才与技术创新的集成供给,形成"技术创新、人才培养、社会服务、文化传承"有机互动的职业院校办学模式。

"双高计划"引领职业院校现代治理能力提升。《国家职业教育改革实施方案》明确了职业教育标准建设机制——教育部门根据职业标准制定国家教学标准,职业院校根据国家教学标准,通过校企合作方式进行人才培养方案开发。我国以学校为主的职业教育体系,决定了产教融合、校企合作质量对职业教育标准构建起着决定性作用。这需要中国特色高水平高职学校不断创新深化产教融合、校企合作,吸引社会力量以多种形式举办和参与职业院校办学,积极打造学校与社会、科研生产与教学、内部资源与外部资源互为交融的开放式无边界组织模式,不断优化和完善治理结构和机制,加强院校自身能力建设,推动企业高水平参与,实现企业参与职业教育和企业自身利益同频共振,推动形成校企命运共同体。

"双高计划"引领职业院校人才培养模式变革。"双高计划"建设的核心是专业群建设。专业是人才培养的基本单位。新一轮产业革命的到来,使企业生产模式、组织形式和人才需求发生剧烈的变化,在以智能制造为主的新技术新经济背景下,生产过程去分工化、人才结构去分层化、技能操作高端化、生产方式研究化、服务与生产一体化成为工作模式的根本性特征。面对技术和职业的快速更新和更迭,中国特色高水平高职学校建设需要破除内部壁垒,构建基于专业群的专业动态调整机制,打造院系合作、专业融合的学习型组织,践行专业群平台与特色化发展的理念,打造学生个性发展与分流分层的人才培养模式。

"双高计划"引领职业教育国际化进程。从职业教育国际化的模式看,无论是德国的双元制,还是北美的 CBE 模式、澳大利亚的 TAFE模式,都是在支持本国经济社会发展的过程中,逐步形成理论化、系统化、标准化的职业教育特色模式,伴随其产业变迁与转移进程,推动职业教育国际化进程的。经过多年的发展,我国以产教融合、校企合作、工学结合、知行合一为主要理念的中国特色职业教育模式业已形成,一批具有国际水平的职业院校在服务区域经济发展中扮演着重要角色。这需要中国特色高水平高职学校在创新实践过程中,积极推进中国特色职业教育模式的理论化、系统化和标准化建设,以"一带一路""中国制造2025"等为载体,积极探索中国职业教育国际化的模式与路径。

当前,我国职业教育正处于改革发展"深水期"的关键时期,"双高计划"必将引领职业教育向类型教育发展,带动中国特色、世界水平职业教育体系的发展与完善。

(来源:《中国教育报》2019-05-07)

12. 为国际职教发展贡献"中国方案"

杨欣斌

近日,教育部、财政部联合启动实施中国特色高水平高职学校和专业建设计划("双高计划")。这是中国高等职业教育发展史上又一个里程碑式的战略举措,对实现职业教育现代化具有划时代的重大意义。

一、新时代高职教育高质量发展的行动指南

当前,我国已建立起世界上规模最大的职业教育体系,但发展水平与发达国家相比,与建设现代化经济体系、建设教育强国的要求相比,还有一定差距。"双高计划"明确提出高职教育要"实现高质量发展""达到国际先进水平"的宏伟目标。这既体现经济社会发展对大幅提升高职教育质量的迫切需求,又充分彰显我国积极参与职业教育国际治理的高度自信。在发展导向上,"双高计划"集中力量重点打造一批与高端产业和产业高端相适应的高水平高职学校和专业群,高质量支撑国家重点产业、区域支柱产业发展,服务现代化经济体系建设和更高质量更充分就业需要。在实施路径上,"双高计划"全面部署了加强党的建设、打造技术技能人才培养高地、打造技术技能创新服务平台、打造高水平专业群、打造高水平双师队伍、提升校企合作水平等十项改革发展任务,这些建设任务既体现了高职学校的基本使命,又突出了中国一流高职学校的鲜明特色。

在管理机制上,"双高计划"坚持总量控制、动态管理,年度评价、期满考核,有进有出、优胜劣汰,在公平竞争中体现扶优扶强导向,能够最大限度地激发各地各院校的参与积极性,提高资源配置效率。"双高计

划"是加快推进《国家职业教育改革实施方案》落地实施的先锋行动,将为中国高职教育高质量发展锻造领军团队,引领中国高职教育进入高质量发展新时代。

二、破解高层次技术技能人才短缺的治本良方

当前我国正在积极推进"互联网＋""大众创业、万众创新""一带一路""两化融合"和创新驱动发展,这些战略或任务的落地实施急需大量既精通操作又会改进创新的复合型人才。"双高计划"要求高职学校"为促进经济社会发展和提高国家竞争力提供优质人才资源支撑",为此,深圳职业技术学院积极探索应对高层次技术人才短缺的解决方案。

在对接区域经济发展上,适应深圳"国际化的新技术、新产品、新产业策源地"的发展定位,瞄准世界产业发展前沿和深圳经济社会发展需求,联合一批世界一流企业,建设一批特色产业学院,"深圳的经济增长点在哪里,我们的专业就办到哪里",将学校打造成为技术技能积累的重要资源集聚地,与深圳经济社会发展同频共振。

在技术技能人才培养上,联合华为、中兴、万科等企业,按照"三对接"的要求,严把教学标准和毕业学生质量标准两个关口,"培养能工巧匠型的大学生,大学生式的能工巧匠",为深圳发展战略性新兴产业、未来产业、现代服务业和优势传统产业等"四路纵队"提供人才支持。

在服务劳动者技能提升上,积极落实深圳"高技能人才振兴计划",面向深圳发展紧缺领域开展高技能人才培训。"个体成长需求在哪里,服务就到哪里",建设一批高水平社区学院、行业培训学院,按照育训结合、长短结合、内外结合的要求开展职业培训,服务劳动者职业生涯发展。

三、提升职业教育吸引力的品牌工程

职业教育是一个国家和地区经济社会发展的重要支撑,是广大青年打开通往成才成功大门的重要途径,对于推动一个国家和地区经济发展、产业转型升级、促进就业创业、增进民生福祉、提升国际影响力具有不可替代的重要作用。"双高计划"是 21 世纪以来职业教育领域最为重要的品牌建设行动,深圳职院也同步打造职业教育"深圳品牌"。

在民生发展品牌打造上,建立"理念—教学—师资—管理"四位一体的对口支援体系,组建高职学校对口支援研究指导中心,在减贫脱贫、保护传承和创新民族传统工艺与非物质文化遗产、促进社会公平和实现更高质量更充分就业上做出"深圳贡献"。

在人才培养品牌打造上,探索以学生学习成效为导向的 OBE 人才培养模式改革,形成以"六个融合"为特征的职业教育人才培养"深圳质量""深圳标准";打造"全球技术技能人才创新创业教育中心",创立双创教育的"深圳模式"。

在国际影响品牌打造上,打造一流国际化平台,成立"丝路学院",为深圳企业"走出去"培育"种子"人才;成立中国职业教育"一带一路"联盟,推进海外分校和汉语言文化与职业技能培训中心建设,为构建"引进来、走出去、再提升"的职业教育国际化发展体系贡献"深圳方案"。借助"双高计划"东风,深圳职院与兄弟院校一起打造职业教育的金字招牌,推动职业教育在脱贫攻坚、乡村振兴、人才培养、技术服务、国际发展等领域发挥更大作用,使众多劳动者拥有更多人生出彩的机会,使中国方案成为国际职业教育发展主旋律。

"双高计划"的实施,对深圳职院而言是机遇,是责任,更是挑战。深圳职院将乘势而为、顺势而上,着力打造一批聚焦高端产业和产业高端的高水平专业群,建设复合型、创新型高素质技术技能人才培养高地,形成资源共享、机制灵活、产出高效的技术技能创新服务平台,构建多层次、广覆盖、立体式的职业技能培训体系,形成学校的核心竞争力,为职业教育服务建设现代化经济体系提供示范引领,为粤港澳大湾区建成国际科技产业中心提供人才支撑,为我国企业开发海外市场提供先行服务,为中国职业教育迈向世界舞台中心提供"深圳方案",率先建成中国特色、世界一流的高水平高职学校。

(来源:《中国教育报》2019-05-14)

13. 以国际化视野和行动推进"双高计划"

张慧波

　　中国特色高水平高职学校和专业建设计划("双高计划")近日启动,重点支持一批高职学校和专业群改革创新、先行先试,达到国际先进水平。"扎根中国、放眼世界、面向未来"是"双高计划"的基本定位,"引领改革、支撑发展、中国特色、世界水平"是"双高计划"的建设目标,要实现这样的目标就要以构建人类命运共同体思想为指导,用具有国际化大视野和大格局的行动推进"双高计划"建设,使其融入世界职业教育话语体系,走进世界职业教育中心,参与职业教育全球治理。

一、以国际化视野审视"双高计划"质量、标准和特色

　　教育部、财政部《关于实施中国特色高水平高职学校和专业建设计划的意见》提出,"形成一批有效支撑职业教育高质量发展的政策、制度、标准","职业教育高质量发展的政策、制度、标准体系更加成熟完善,形成中国特色职业教育发展模式"。有质量、有标准、有特色是"双高计划"的内在要求,这三方面要求都应体现"国际化"的特征。

　　国际化视野下的"有质量"。联合国教科文组织发布的《教育2030行动框架》,将质量作为核心理念之一贯穿始终。没有质量,教育发展无从谈起。就"双高计划"而言,技术技能人才培养、双师队伍建设和校企合作水平是衡量其质量高低的基本要素。其中,高水平技术技能人才应具备一定的国际化素养,才能满足经济全球化和"一带一路"建设的需求。双师队伍建设应以是否具有行业权威和国际影响,是否能够承担国际化项目为重要依据,要求教师具有国际化意识和国际化能

221

力。校企合作需要把握全球产业发展机遇,伴随中国产业走向全球产业中高端,拓展合作伙伴和合作领域。

国际化视野下的"有标准"。《国家职业教育改革实施方案》指出,"建成覆盖大部分行业领域、具有国际先进水平的中国职业教育标准体系"。标准化建设是统领职业教育发展的突破口,在"双高计划"建设中发挥基础性作用。一方面,我国高职学校和专业应主动接轨国际先进职业教育体系,对接"世界一流"职业教育标准,这是参与制定职业教育国际标准的基本前提。另一方面,我国高职学校和专业应致力于建设和输出"中国职教标准",推出一批具有国际影响的高质量专业标准、课程标准、教学资源,这是打造中国职业教育国际品牌的必要条件。

国际化视野下的"有特色"。国际化是我国高职学校和专业适应经济全球化、教育国际发展形势的现实需求,根本目的是为我国经济、社会发展培养国际化技术技能人才,提升国际竞争力。在打牢"扎根中国"底色的前提下,高职学校和专业应扩大跨文化、跨民族、跨国界的交流融合,积极参与"一带一路"建设和国际产能合作,促进中外人文交流,打造鲁班工坊、丝路学院等中国职业教育国际品牌。

二、以"扎根中国"的国际化行动实施"双高计划"

"双高计划"必须扎根中国大地,服务中国发展。高职教育的国际化发展也应立足我国发展的实际需求,将标准引进与输出相结合,创新职教援外模式,在提升服务能力的同时为世界职业教育发展贡献中国智慧和中国方案。

引进国际标准与开发中国特色、国际通用标准相结合。国家职业教育标准是一个国家最基本的教育规范,也是职业教育现代化的重要标志之一。"双高计划"应立足本土,在对接国际标准的同时,积极参与国际标准的制定,开发国际通用的专业标准和课程体系,将国际优质职业教育资源的本土化与本土优质职业教育资源的国际化有效统一。加强对现有国际职业教育标准的研究,将国际职业教育标准的要求与中国职业教育发展的现实基础和需求结合起来,促进职业教育实践与国际标准有效对接,避免"生搬硬套"。将标准引进与证书引进相结合,探索国际化职业技术证书落地的有效模式。与行业组织及国际龙头企业合作,开发国际标准的专业和课程体系,推进本土标准的国际化。

在积极服务"一带一路"倡议中提升国际影响力。"一带一路"倡议为我国职业教育国际合作交流指明了方向,是在更高层次、更大范围、更广领域推进教育国际合作交流的主要渠道。高职学校应加强与"一带一路"沿线国家职业教育机构的沟通与合作,开展校际对话与交流,加强国际理解,促进人文交流和民心相通。积极与"走出去"企业合作,通过订单培养、联合培养等多种途径,为其培养熟悉当地风俗、文化、法律等的技术技能人才。与"走出去"企业合作开展面向当地员工的职业培训,培养既懂中国管理和文化又具备一定职业技能的当地员工,提升当地人力资源水平。以"走出去"企业发展问题为导向,开展应用研究,为企业提供技术革新、管理咨询等服务。

在创新对外项目合作模式中输出职业教育的中国智慧和中国方案。随着办学质量的不断提升,越来越多的高职学校参与到对外项目合作活动中来。对外项目合作已成为中国高职学校国际化发展的重要内容。高职学校应创新对外项目合作模式,加强发展理念、教学方法、教学模式、管理机制和管理方法的理论提炼和总结,并结合发展中国家产业特征、职业特性等实际情况,进行在地化改造,增强中国职教的辐射力。助推培训项目与课程教材的输出,与国内外相关院校及出版机构合作,选择翻译国内优秀的职业教育教材,将培训项目打包输出,增强当地职教教学的适用性。加强与"走出去"企业合作,校企联合开展海外培训、共建基地、海外办学等多种形式的对外项目合作,将职业教育项目合作与培养中资企业需要的技术技能人才有机结合,实现对外项目合作与"走出去"企业发展有效统一,探索产教融合对外项目合作的有效模式。

(来源:《中国教育报》2019-05-21)

14.创新高水平专业群建设路径

崔 岩

中国特色高水平高职学校和专业建设计划("双高计划")提出,"聚焦高端产业和产业高端,重点支持一批优质高职学校和专业群率先发展"。高水平专业群是高水平高职学校建设的关键所在,与学校改革发展定位密切相关,关系到人才培养与社会服务的方向性和有效性。如何立足学校实际,创新高水平专业群建设路径,是"双高计划"亟待解决的一个重大课题。

一、专业群建设应突出"高"特征

专业群是高职专业建设的"升级版",外部对接产业链或岗位群需求,内部促进专业协作、资源共享。高水平专业群面向高端产业和产业高端,构建高水平技术技能人才培养体系,打造技术技能创新服务平台,是高水平高职学校办学特色、办学水平和办学效益的集中体现。

对接产业吻合度高。产业发展是专业群建设的外驱力,是专业群组建的逻辑起点。衡量一个专业群水平的高低,首先要看其是否精准对接产业需求,并动态调整、实时优化,实现与产业发展的协调互动。高水平专业群紧贴区域产业结构调整规划,围绕区域经济发展战略规划的支柱产业和新兴产业,聚焦服务面向,优化资源配置,动态调整专业组成、专业结构和专业内涵,推动教育链、人才链和产业链、创新链有机衔接,有效服务企业技术研发和产品升级,为增强产业核心竞争力提供有力支撑。

资源整合共享度高。资源整合是专业群建设的内驱力,是优于传

225

统单体专业建设的直接体现。离散的单体专业建设模式有一个明显弊端,就是办学资源割裂,造成单体资源不足与整体资源浪费并存。高水平专业群充分发挥集群效应,有机整合课程资源、教师资源与实训资源,实现资源整合和共享效益最大化,使原本"小"而"散"的单体专业相互支撑,形成人才培养合力。

人才培养产出度高。人才培养是专业群建设的根本任务,是评价专业群成效的根本标准。"群"是专业建设的手段,而不是目的,根本在于实现更高水平的人才培养。高水平专业群是我国高职专业建设和人才培养的最新成果和最高水平,培养一批又一批大国工匠和能工巧匠,形成具有国际竞争力的人才培养高地,为中国产业走向全球产业中高端提供高素质技术技能人才支撑;同时,探索形成一系列的理念、标准、模式、资源、课程、教材,为全国高职人才培养提供指引和借鉴,带动提升高职教育的学生满意度、服务贡献度和社会美誉度。

专业群建设并不是简单地把几个专业进行"物理组合",而是在群统领下,实现专业之间的"化学融合",促使资源配备和教学组织进行系统优化乃至重构。

二、搭建融合化的产教协同平台

当前,我国经济由高速增长阶段转向高质量发展阶段。面对快速变化的外部产业环境,专业群应发挥集群优势,实现与产业发展的深度融合。

一是产教协同。服务区域产业转型升级,深化与产业园区、行业协会、企业的合作,建设集科技开发与咨询、技术推广与服务、人才培养等功能于一体的产教融合育人平台,推进实体化运作的职业教育集团化办学,与地方"走出去"企业深度合作,利用集群优势开展国际职业教育服务。

二是教研互促。强化应用导向,围绕生产生活中的实际问题,打造跨专业的师生技术服务团队,推动中小企业的技术研发和产品升级,提升服务行业企业社会的技术附加值,成为区域性技术技能积累中心;构建科研反哺教学机制,把科研项目成果转化为课堂教学案例,实现教学内容与技术同步更新,在技术研发中提升师生实践能力和创新能力。

三是育训结合。对接行业企业需求,大力开展高技能人才培训,积极开展职工继续教育,服务企业员工职业生涯成长,成为行业企业重要的继续教育基地。

三、创新柔性化的组织管理模式

专业群突破传统专业建设的刚性模式,促进资源整合共享,发挥"1+1＞2"的集聚效益。

一是建设结构化团队。改变传统的专业教研室组织方式,打破专业限制,根据不同职业岗位面向,组建结构化教师团队,更好地贴近市场发展和技术变化前沿;打造高水平专兼结合的教学团队,校企联合建设一批名师工作室和大师工作室。

二是建设模块化课程。探索柔性、可拓展、面向岗位群的课程建设新模式,按照"平台＋模块＋方向"思路,系统重构课程体系。平台课程相对稳定,整合群内共同必需的知识、技能和素质,帮助学生构建职业整体认知;模块课程对接职业标准,按不同职业方向分流培养,帮助学生形成岗位核心能力;方向课程机动灵活,跟随市场需求和技术进步不断调整,使课程体系实时保持与产业界的信息交流、资源共享。

三是建立开放型培养模式。积极应对求学群体多元化、学习基础差异化、学习场景多样化的实际情况,实行弹性学制和学分制,赋予学生专业群内专业选择权、课程选择权、教师选择权,自主选择学习路径和进度,激发学习动力,满足多途径成长需求。

四、完善动态化的持续发展机制

专业群建设不是一成不变的静态结果,而是伴随产业发展持续优化升级的动态过程,要健全对接产业、动态调整、自我完善的专业群建设发展机制。

一是动态调整专业构成。适应产业发展需要,在通用共享的群基础平台之上,灵活调整专业组成和专业方向,拓展相近或新兴专业,通过原有专业的衍生开发、滚动发展,在专业群主体面向保持稳定的同时,增强外部适应性,使专业群富有旺盛活力,生命周期远远长于单体专业。

二是动态升级专业内涵。密切跟踪新技术、新模式、新业态,对接未来产业变革和技术进步趋势,调整人才培养定位,更新教学内容,将新技术、新工艺、新规范等产业先进元素纳入教学标准和教学内容,确保培养目标适应岗位要求、教学内容体现主流技术、人才培养体系与时俱进。

三是动态优化评价机制。以教学诊断与改进为基本制度,以学习者的职业道德、技术技能水平和就业质量,以及产教融合、校企合作水平为核心,内部质量保证与行业、企业等外部质量评价有机结合,实现评价主体多元化、评价内容动态化,持续推动高水平专业群高质量发展。

(来源:《中国教育报》2019-05-28)

15. 深刻把握"双高计划"建设的关键

成 军

2019 年 2 月以来,《国家职业教育改革实施方案》("职教 20 条")落地,中国特色高水平高职学校和专业建设计划("双高计划")迅即启动,充分体现了国家推动职业教育高水平发展的坚强决心和强大行动力。"双高计划"站位高、目标远、举措新、平台大,旨在打造职业教育的"中国标杆""中国方案"。项目院校落实好改革、发展和建设任务,需要把握好标准、制度、队伍和平台四个关键。

一、标 准

"双高计划"将标准的开发与应用作为重要的建设任务,提出"推出一批具有国际影响的高质量专业标准、课程标准、教学资源"。

首先,"双高计划"学校要树立标准化办学的强烈意识,争做标准落实的"示范者"。将人才培养和教育教学关键环节的标准化建设作为高质量发展的"牛鼻子"和"突破口",落地开发从职业、专业、课程到校企合作、教学过程、学业评价等的校本标准,建立健全标准体系。把握高水平学校建设对人才培养质量的高要求,探索建立基于"大国工匠"型优秀技术技能人才的培养标准,以高标准引领人才培养改革。

其次,要积极参与国家标准和行业标准开发,争做标准开发的"首创者"。积极提升校本标准、优势领域的经验与范式,为国家标准制定提供及时有效的科学数据和标准参考;率先牵头研制新技术、新专业、新课程领域的相关标准,引领和促进同行发展;实质性参与行业组织活动乃至牵头组建新兴领域的行业组织,牵头或参与制定行业标准,抢占职业教育在行业标准制定中的话语权。

再次,要率先开展标准的国际化,争做中国标准输出的"先行者"。将本土标准的国际化及输出作为"双高计划"建设的重要指标,率先将传统优势产业和新兴技术领域的专业教学、优质课程、职业技能评价等标准实现国际通用,并通过国际开放办学充分运用到留学生培养、境外办学和国际培训中,面向世界职业教育提供"中国标准"。

二、制　度

高水平不仅要有大量的显性成果来体现,也需要一系列高水平的制度来支撑。"双高计划"充分凸显了制度建设在职业教育发展和学校改革中的重要性。

"1+X"证书制度是我国职业教育的突破性、创新性制度设计。"双高计划"学校要率先开展"1+X"证书的落地制度建设,在复合型、创新型、发展型人才培养目标的适配优化,模块化、层次性、多接口的专业人才培养方案动态调整,基于育训结合、主辅修、职业综合能力训练的学业修习、指导、认定及转换等方面建立健全机制,为学生获取职业技能等级证书提供制度通道。

专业集群发展是职业院校适应产业集群发展、链式发展的一种应然性选择,"双高计划"学校要健全对接产业、动态调整、自我完善的发展机制。着重将专业之间的技术关联、行业关联和职业关联作为整合专业资源、构建专业群的基本依据,探索以群建院、夯实基层教学组织、设立跨专业教学组织的专业群管理制度;通过调整专业设置、聚焦产业领域、合理错位岗位面向、打造专业基础平台、加强相互支撑等方式,建立专业群的融合发展机制,打造"地方离不开"的专业群。

"双高计划"明确提出,提升学校治理水平,推进治理能力现代化。实现高水平的学校治理,一方面,要从规范办学制度入手,针对参与办学的政校行企各主体,从咨询、协商、决策到执行、监督的各个层面建立健全治理组织和管理制度,提高制度的系统性、开放性和协同性,为健全现代职业学校治理体系夯实制度基础。另一方面,要将制度建设的重点面向制度创新,在国家经济社会制度和职业教育制度变革的大背景下,针对国家政策制度的落地率先回应,针对约束发展的瓶颈、桎梏大胆改革,以制度创新引领高水平建设和高质量发展。

三、队　伍

教师队伍是教育的第一资源,教师队伍建设是教育的基础工作。"双高计划"把教师队伍建设作为重要内容,以"四有"标准打造数量充足、专兼结合、结构合理的高水平双师队伍。

要打造专业化、结构化的高水平教师教学创新团队。产业升级发展与新技术推动要求教师在技术技能的传承传授上更加专业化,注重技术技能的交叉复合以及职教课程的项目化、模块化教学趋势,并对教师的分工协作和结构化构成提出了新要求。因此,要紧紧围绕职业教育教学的类型与形态特征,将行业企业工作经历、周期性的企业轮训、专兼结合的团队构成等,作为打造高水平教师团队的必然要求。

还要建设专家型、领军式的高层次专业带头人队伍,尤其是在高水平专业群建设中,要引育并举,打造行业有权威的专业带头人,发挥其在整体提升专业教学团队职教能力、引领提升应用研发与技术服务水平以及融入行业核心圈整合利用校企资源中的"领头雁"作用,夯实高水平专业群建设的基础。

更要建设一批精技善教、行业顶尖的高技艺"工匠之师",这是培养"大国工匠"型优秀人才的内在要求。要广泛建立技能大师工作室,为工匠型教师成长发展搭建平台;在柔性聘任、兼职兼薪等用人机制上进行改革和突破,积极发挥企业大师名匠在学校人才培养中的重要作用。

四、平　台

职业教育是开放型教育,职业教育发展离不开内外部资源的共同施力、协同作用。"双高计划"提出要打造技术技能创新服务平台,深化产教融合,提升校企协同的人才培养和技术创新水平。

提升高端性。合作对象上体现高端性,重点选择区域、行业的领先企业、标杆企业以及产教融合型企业,更好地发挥优质资源集聚优势。目标定位上体现高端性,对接地方产业、企业的国际化战略,与"走出去"企业共同组建校企协作组织,推动产教融合从本土走向国际合作的领域。资源建设上体现高端性,共同开发行业企业标准和教学标准、课程标准,通过企业项目的教学化改造建设优质课程资源,建设专业化的产教融合高端实训基地等。

拓展新路径。适应不同产业的发展形态、需求和不同专业领域的人才培养特点,探索建立职教集团、产业联盟、产业学院等不同形态,共享基地、协同创新、校地合作、资本混合等不同类型的产教融合平台组织,不断创新合作体制机制,创设产教融合各项政策落地、各类个性化模式探索的实施载体,营造产教融合发展的良好环境。

打造共同体。以校企协同的人才培养为核心,建设集人才培养、科技攻关、团队建设、技术服务、智库咨询等功能于一体的产教融合平台,并融入区域产业发展。推动平台从虚拟走向实体化,职业院校以优质办学资源及智力资源参与实体化运作,把合作平台提升到校企命运共同体的新层次,形成产教融合发展、同频共振的良性循环生态圈。

(来源:《中国教育报》2019-06-04)

16. 努力建好技术技能创新服务平台

冯新广

打造技术技能创新服务平台,是中国特色高水平高职学校和专业建设计划("双高"计划)的改革发展任务,是高职学校对接科技发展趋势、支撑产业发展的客观需要,也是高职学校补齐科技创新短板、提升技术服务能力的内在要求。高职学校要准确把握我国经济由高速度发展向高质量发展转变的重大历史机遇,瞄准产业转型升级需求,强化技术技能积累与创新,切实提高服务新时代经济高质量发展的能力和水平。

一、突出"双导向",找准平台建设定位

需求和应用是技术技能创新服务平台建设的逻辑起点。

突出需求和应用"双导向",就是要坚持"协同创新、开放共享"的建设理念,根据国家需要以及区域经济和社会发展需要,紧密对接现代产业体系,针对行业企业技术工艺和产品研发需求,以解决区域主导产业提升、传统产业转型、行业企业发展中的实际问题和人才培养为根本,校企双方在人才、设备、场地等资源上全方位合作,建设由学校、政府、行业、企业、科研院所、社会组织等多元参与的产教融合平台,积极开展技术创新、产品研发、决策咨询、技术服务、创新创业教育和人才培养,使高水平高职学校成为区域科技创新服务的策源地和集聚地。

二、深化"三融入",明晰平台建设路径

高职学校建设产教融合的技术技能创新服务平台,产业需求是"原动力",行业企业需要是"立足点",人才培养是"基本点"。

一是融入产业发展。当前,我国传统产业改造升级不断加快,新兴产业不断产生,经济发展新动能不断增强,科技创新驱动产业发展。高职学校技术技能创新服务平台应与产业发展需求相适配,凝练优势研究方向,建设科技攻关协同创新平台;解决社会现实问题,推动产业创新驱动发展,建设品牌智库平台;服务区域重点行业和支柱产业,以专业群为依托,建设应用技术服务平台;响应国家"大众创业、万众创新"号召,建设创新创业平台。高职学校要深化体制机制创新,更加注重改革创新的科学化、系统化、个性化,更加注重产业、行业、企业、职业联动,以机制创新、制度创新为重点,加快高水平技术技能创新服务平台建设,用中国方案解决职业教育科技创新能力不足的"陈年难题"。

二是融入行业企业发展。以人工智能、物联网、区块链、大数据、虚拟现实等一系列创新技术引领的第四次工业革命,促使行业企业不断探寻新的增长动能和发展路径,新技术、新业态、新模式不断涌现。技术技能创新服务平台建设和发展要融入行业企业,洞悉行业企业发展态势,了解行业企业需求,为行业企业发展解决实际问题,提升高职学校技术技能创新服务平台的生命力,产出行业企业真正需要的技术创新成果。区域重点行业、中小微企业是高职学校技术技能创新服务平台面向的主战场,要聚焦服务面向,针对行业企业创新需求,突出学校企业创新"双主体"地位,推动学校创新成果向企业集聚,使核心技术更快地转化为现实生产力。要通过政校行企协同创新,健全技术技能创新服务支撑体系,强化知识产权运用和保护意识,切实提升高职学校服务发展、支撑发展的能力和水平。

三是融入人才培养。人才培养是高职学校的根本使命。技术技能创新服务平台聚焦产业发展前沿和高端,汇聚学校、企业、行业、政府多方优质资源,是高职学校专业建设、科技研发、社会服务、教育教学的重要平台。高职学校要以人才培养为中心,确保平台始终服务教学一线,确保平台人才培养功能充分发挥,确保平台研发成果服务学生创新创业教育。

三、强化"四服务",提升平台建设效益

服务能力的高低,可以反映高职学校培养优质高素质技术技能人才、整合社会优质资源、为产业行业企业提供优质服务的能力和水平。技术技能创新服务平台应服务学生成才、教师成长、中小微企业发展和产业转型升级。

一是服务学生成才。要充分考虑学生成长规律,结合科技研发项目和内容构建系统化的平台培养体系,制定和完善培养标准,开发基于项目研究过程的创新课程,产教融合,协同育人,为推进课堂革命、实施有效教学、开展现代学徒制等提供有效的平台载体,实现人才培养与技术技能创新的深度互动。

二是服务教师成长。要依托专业群,与行业领先企业合作建设工程技术中心、产品研发中心、协同创新中心、技能大师工作室、企业研究室等,联合开展研究开发、成果应用与推广、标准制定等活动,推动校企科技人员相互交流、相互兼职,有效带动专业教师专业技能和科研能力的提升。

三是服务中小微企业发展。要充分发挥高职学校在技术技能积累与创新上的优势,把科技创新的重点放到技术服务、应用技术开发和技术推广上,专业教师主动参与中小微企业课题研讨、技术攻关、新产品开发和技术转移,提供技术攻关和技能培训服务,解决中小微企

业科研人员不足、科技创新能力不足问题,有力支撑中小微企业健康发展。

四是服务地方产业转型升级。技术技能创新服务平台应依托区域主导产业、优势产业和基础产业,充分整合专业、人才和科技优质资源,以有效推进传统行业优化升级、促进支柱产业稳步发展、推动地方高新技术产业快速成长、创新生产性服务业新型发展模式为核心,系统开展科技攻关、产品研发、技术推广、发展咨询、技能培训、成果转化等服务活动,为区域产业发展提供强有力的智力支持与人才保障。

(来源:《中国教育报》2019-06-11)

17."双高计划"成就新时代职教改革发展的引领者

刘显泽

在决胜全面建成小康社会、开启全面建设社会主义现代化国家新征程的关键时期,教育部、财政部联合启动实施中国特色高水平高职学校和专业建设计划("双高计划"),支持一批优质高职学校和专业群率先发展,引领职业教育服务国家战略、融入区域发展、促进产业升级。"双高计划"是关系职业教育改革发展的制度性设计,职教战线应充分认识其政策内涵和要求,强化使命感和责任感,努力成为新时代职业教育改革发展的先行者、引领者。

一、担当使命,为发展定位

"双高计划"是落实《国家职业教育改革实施方案》的龙头项目,是职业教育高质量发展的"先手棋",将引领中国职业教育整体水平提升。"双高计划"学校要进一步明确办学定位、专业定位、人才培养定位,自觉肩负起引领职业教育高质量发展、支撑现代产业体系建设的时代使命,做发展的引领者。

一是率先发展。率先是领先的意思,又可理解为首先、抢先。率先发展,就是扎根中国、放眼世界、面向未来,苦练内功,深化内涵,成为职业教育高质量发展的标杆;在"一加强、四打造、五提升"上下狠功夫、真功夫、实功夫,真正建成引领改革、支撑发展、中国特色、世界水平的高职学校和专业群;要攻坚克难,下决心啃下硬骨头,成为改革创新的典范,探索中国特色高职教育发展之路。

二是引领发展。"双高计划"学校要充分发挥示范辐射带头作用,

237

提供可借鉴的经验和范例,强化对革命老区、贫困地区、民族地区、边疆地区职业教育和薄弱学校的支持、帮扶,在促进职业教育均衡发展中发挥重要作用;要引领职业教育服务国家战略,促进产业升级,从对接产业、服务产业向提升产业、引领产业转变。

三是支撑发展。当前,我国就业问题突出表现为人才供需的结构性矛盾,技术技能人才特别是高层次技术技能人才短缺已经成为制约产业升级的关键因素。"双高计划"学校要为产业发展提供源源不断的高质量技术技能人才,在建设知识型、技能型、创新型劳动者大军,弘扬劳模精神和工匠精神,营造劳动光荣的社会风尚和精益求精的敬业风气等方面发挥重要作用。同时,着力打造技术技能创新服务平台,在解决关键共性技术、核心工艺,促进科技成果转化,促进中小微企业技术研发和产品升级等方面有所作为,支撑国家重点产业、区域支柱产业发展。

二、创新驱动,为改革引路

"双高计划"推动职业教育改革向纵深发展,激发中国职业教育焕发现代化的勃勃生机。"双高计划"学校要强化创新驱动,深化办学模式、人才培养模式和管理机制的全方位变革,积累可复制、可借鉴的改革经验和模式,做改革的先行者。

一是办学模式改革。产教融合、校企合作是职业教育区别于普通教育的本质特征,也是职业教育作为一种教育类型成熟和发展的标志。"双高计划"将产教融合、校企合作作为主线贯穿始终,十项改革发展任务均体现了产教融合、校企合作的内在要求。这要求"双高计划"学校深化办学模式和专业建设模式改革,建立健全行业企业等利益相关方共同参与的办学体制机制,形成校企命运共同体。"双高计划"学校既要搭建产教融合平台,创新校企合作方式,又要推动当地政府和学校举办者为深化产教融合、校企合作提供源源不断的政策供给,真正形成企业和社会力量广泛参与的职业教育办学格局。

二是人才培养模式改革。"双高计划"的首要任务是培养一批产业急需、技艺高超的高素质技术技能人才,"双高计划"学校要在促进校企双元育人上下真功夫,按照"工学结合、知行合一、德技并修"的总要求,推动行业企业参与人才培养全过程,真正构建起校企协同育人的体制机制。

三是管理机制改革。要通过管理制度创新激发创新活力,着力解决师生创新动力不足、行业企业参与办学和专业建设积极性不高等突出难题。要健全内部治理体系,建立健全学校、行业、企业、社区等共同参与的办学机制,促进治理能力现代化;要创新专业群建设和管理机制,探索以专业群建二级院系,实现专业群实体化运作;要创新教师队伍建设机制,探索固定编制加周转编制的教师管理制度,吸引行业企业领军人才、技能大师来校任教,健全人才成长机制,建立健全竞争型的人事管理制度,营造优秀人才脱颖而出的良好环境;要创新科研和社会服务机制,既搭建产学研协同创新平台,又强化科技成果转化激励机制,调动师生参与技术创新和社会服务的积极性。

三、优化环境,为学校赋能

"双高计划"政策设计体现目标导向、改革导向、发展导向,项目设计突出公开、公平、公正,为学校集中力量谋发展创造有利条件,赋予了"双高计划"学校改革发展新动能。

一是为学校松绑。"双高计划"遴选条件和程序公开,标志性成果实行公正认定,各项数据基于"高等职业院校人才培养工作状态数据采集与管理平台"和已有公开数据的提取分析,让"数据多跑路,学校少跑腿",有利于引导申报学校排除人为因素干扰,集中精力谋定发展大局,设计改革项目,编制实施方案;有利于申报学校放下包袱、真抓实干,大幅提高办学水平、专业(群)建设水平和人才培养质量。

二是为学校鼓劲。"双高计划"聚焦我国职业教育改革发展的热点、难点问题,引导学校既扎根中国又放眼世界,既立足实际又面向未来,鼓励学校跳起来摘桃子、撸起袖子加油干,特别是在重大改革问题上支持学校先行先试,大胆试、大胆闯,产出有示范引领作用的改革成果。

三是为改革赋能。"双高计划"明确要求,建立协同推进机制、健全多元投入机制、优化改革发展环境等,明确了国家有关部门、地方政府实施"双高计划"的职责,动员各方力量支持项目建设,有利于形成全社会共同支持中国特色高水平高职学校和专业建设的良好环境,有利于"双高计划"学校深化改革、强化内涵,实现高质量发展。

(来源:《中国教育报》2019-06-18)

18.把准高水平专业群建设方向

温贻芳

教育部、财政部《关于实施中国特色高水平高职学校和专业建设计划的意见》提出,"集中力量建设一批引领改革、支撑发展、中国特色、世界水平的高职学校和专业群"。这明确了高水平专业群的建设内涵,"引领改革"是基本定位,"支撑发展"是效益要求,"中国特色"是根本属性,"世界水平"是质量标准,这四个方面有机结合、相互支撑,指引高水平专业群的建设方向。

引领改革:适应产业需求

随着产业转型升级,生产技术和组织模式快速变化,生产过程去分工化、人才结构去分层化、技能操作高端化、生产方式研究化、服务与生产一体化特征越来越明显。高水平专业群要主动适应这一变化,引领高职专业建设和人才培养模式改革,人才培养定位由简单重复的装配者、操作者向更高层次的智能生产系统的规划者、应用者、改造者、调试者、决策者转变;能力培养由单项应用,向系统集成的"交叉""复合""多项"联动转变;服务重点由"单人单岗",向"技术＋人才"打包供给转变。

重构专业群结构体系。一是结构重构。专业群与产业高度匹配,是改革的内驱力与逻辑起点。服务面向是决定建设水平的关键,一个专业群试图对应一条完整的产业链、解决产业链上的所有问题,是不科学、不现实的。专业群的结构重构,重点在于准确判断产业发展趋势,聚焦产业链的关键节点,明确对应的岗位集群,明晰专业群与岗位群的映射关系,优化专业建设重点和质量要点。二是体系重构。面对高职百万扩招带来的生源变化,专业群承担着在校生和社会人员的学历教育与职业培训,教材体系、课程体系、实践教学体系均需重构,按照育训结合、长短结合、内外结合的要求,开展高质量职业培训。

优化专业群治理体系。一是校企双带头人负责与多元主体参与的统一。创新专业群治理机制,保证政府、行业、企业人员能够深度参与,探索建立独立法人的专业群指导委员会或职教集团。二是技术管理与文化管理的统一。技术管理主要包括结构化教师团队的重组、实训基地与实验室的精益化管理等,进而让管理制度升华为文化,形成共享开放的建设文化、精益过程的管理文化、标准化特征的职业文化。三是人才培养和社会服务的统一。校企合作成立产业技术研究院等技术技能平台,形成大规模定制化生产和订单化育人的智慧服务平台。

支撑发展:担当时代使命

时代发展要求高职教育服务国家战略、融入区域发展、促进产业升级,为建设教育强国、人才强国做出重要贡献。产业发展要求高职教育促进创新成果与核心技术产业化,服务中小微企业的技术研发和产品升级。这都要求专业群发挥资源集聚效益,提升技术技能人才供给和技术创新服务水平。

面向产业链,以团组融合方式供给技术技能人才。团组融合是根据项目技术模块重组教师团队,教师、企业人员和学生,形成项目团组,共同开展项目教学和生产实践,以培养产业急需技术交叉应用的复合型技术技能人才。一是团组融合的人才培养定位。通过对智能制造典型产线(产业链)的整体认知,培养既熟悉各个相关岗位,又了解整条产线的团组融合型人才,适应未来智能制造产线的改造调试应用。二是团组融合的人才培养路径。专业群根据智能制造项目的技术模块开设基础平台课程和产线综合课程,通过现代学徒制的实施,为企业量身定制个性化人才培养方案。三是团组融合的人才培养方式。师生共同参与企业真实项目开发,在项目开发中提高技术技能,既为企业提供分岗位和产线集成的项目人才,又为中小微企业的技术研发和产品升级提供人才团组的打包服务。

聚焦技术链,以平台方式提供整体方案服务。一是服务的核心功能要准,每个专业群在产业链中的定位应当是聚焦,而不是无限扩散的。例如,一个专业群不可能服务于智能制造全产业链,但如围绕产品生产全生命周期,服务于智能车间各智能单元和智能总产线的应用,其核心技术、人才培养目标和专业群服务定位,就比较精准。二是聚焦核心技术,搭建专门化平台,提供整体解决方案。建设专门化技术技能平台,将科研院所、先进企业的名家大师请进来,将技术研发和产品升级的成果转化出去,为中小微企业提供整体解决方案。三是围绕核心技术集聚资源,服务企业和社会。根据技术模块,校企共同组建结构化教师团队,将企业案例转换为教学资源,共同进行人才培养和技术研发,纳入 1+X 制度试点,开展学习成果的认定、积累和转换,向退役军人等群体开放教育资源,满足社会和企业的多样化需求。

中国特色:坚定政治方向

习近平总书记在全国教育大会上强调,坚持中国特色社会主义教育发展道路,培养德智体美劳全面发展的社会主义建设者和接班人。高水平专业群建设,要扎根中国大地、回应中国需求、彰显中国特色。

落实立德树人的根本任务,健全德技并修、工学结合的育人机制,推进职业技能和职业精神培养高度融合,把育人和育才相统一。一是人才培养目标强化"接班人"素质,明确社会主义核心价值观、严谨专注、敬业专业、精益求精和追求卓越的品质要求。二是人才培养方案强化"德技并修",加强思想政治、劳动教育和实践育人的学时学分,强化劳动育人和工匠精神,以劳树德、以劳增智、以劳强体、以劳育美。三是专业课程教学落实课程思政,在课程目标、课程标准、学时分配、教学评价等环节,强化社会主义核心价值观和中华优秀传统文化的育人效果,实现课程思政与思政课程同向同行,形成育人合力。四是资源建设强调"环境育人",教师是"双语"教师,既懂业务,又精思政;教室是"双语"教室,将家国情怀融于教学场所。

世界水平:打造国际品牌

中国高职教育达到世界水平,高水平专业群就必须先成为国际品牌,成为国际事务的参与者、国际标准的建设者、国际资源的提供者和中国企业国际化的协同者。

师生登上国际舞台,彰显国际影响力。一是专业群积极参与国际事务。通过与"走出去"企业合作,培养国际化技术技能人才或承接企业海外员工教育培训等方式,参与到国际事务中。二是牵头参加或组织国际专业技能竞赛,将学生推到国际舞台的中央。三是组织职业教育国际会议,开展国际职业教育交流,促进中外人文交流和专业文化交流。

资源实现国际共享,展现国际对话能力。一是课程资源的共享,将教学资源库、精品在线课程、网络学习空间等学习资源对外开放,对外发行与推广双语教材。二是产教融合资源的共享,以"走出去"企业为媒介,将专业群技术资源通过技术服务、成果转化等,对外开放并共享。三是技术人才的共享,通过专业技术人员走出去和请进来两种方式,形成国际职教工匠和职教大师的人才优势。

　　进入国际标准俱乐部,掌握国际话语权。一方面,借鉴国际先进教学理念和模式,进行本土化教学模式创新;另一方面,积极参与开发国际通用的专业标准和课程体系,提升专业标准开发的国际话语权,最终产出有国际影响的高水平专业标准、课程标准,形成中国职业教育国际品牌。

（来源:《中国教育报》2019-07-09）

19. 奏响服务产业转型升级的主旋律

孔凡士

我国经济已由高速增长阶段转向高质量发展阶段,推动经济高质量发展,重点是推动产业结构转型升级。"双高计划"主动回应产业转型升级需求,建设一批高水平高职学校和专业群,打造技术技能人才培养高地和技术技能创新服务平台,引领职业教育提升服务产业转型升级的能力,为加快建设现代化产业体系提供有力支撑。

培养高素质人才是根本任务

我国高铁运营里程已达 2.9 万公里,年旅客发送量 20 亿人,体量稳居世界首位,技术装备和创新能力达到世界先进水平,习近平总书记点赞称"复兴号高速列车迈出从追赶到领跑的关键一步"。

要保持我国高铁持续领先世界,需要不断研发出高精尖前沿技术,并将最先进的技术成果迅速转化应用到生产、运营、维护和增值服务中去。这就需要紧跟高铁技术发展,培养培训一大批掌握最新技术的技术技能人才。"十三五"期间,我国计划新建高铁和各类轨道交通线路 3 万千米,需新招收轨道交通人员 120 万人;"一带一路"沿线国家正在与我国洽谈修建的铁路总里程超过 1.6 万公里,将会产生超过 30 万人的培养培训需求,急需培养一大批具有"安全优质、兴路强国"新时期铁路精神的复合型、创新型高素质技术技能人才。

作为铁路高职院校,郑州铁路职业技术学院精准对接高铁产业链,打造高水平专业群。面向高铁产业链的建设施工、装备制造、运营维护和增值服务等环节,组建核心专业群,辐射带动轨道交通类骨干专业群,促进专业资源整合和结构优化,服务高铁产业装备技术升级和生产模式改革。

　　面向未来"一日一图"高铁运输组织模式,适应高铁供电、调度指挥、运营监测、客运服务、防灾系统的新要求、新变化,学校持续优化专业群建设,把人工智能、BIM、5G、物联网、移动互联等先进技术融入专业教学,全面服务高铁智能建造、智能装备和智能运用;把社会主义核心价值观融入人才培养方案和课程标准,推动"课程思政"和"思政课程"同向同行;开展系列化层次化劳动教育实践活动,培养学生"铁军"作风,厚培职业精神;积极推进1+X证书制度改革,深化复合型技术技能人才培养培训模式改革;与高铁"走出去"企业深度合作,培养国际化和本土化技术技能人才,服务"一带一路"倡议。

强化技术创新是重要途径

　　中国高铁进入智能运行时代,自动驾驶、智能行车、智能客运成为趋势,智能化生产及运营水平不断提升,高铁综合维修生产一体化改革全力推进。"双高计划"学校应聚焦"人工智能+"背景下高铁产业的技术升级,打造技术技能创新服务平台,提升技术创新能力。

　　郑州铁路职业技术学院聚焦高铁工程诊疗,建设"高铁工程诊疗技术服务平台",解决高铁基础工程在防渗修复及应急抢险等方面的技术难题。针对影响高铁司机驾驶安全的生理、心理因素,建设"高铁司机驾驶安全保障技术创新服务平台",开展高铁司机心理健康、职业特质与驾驶安全关系研究,搭建全方位、全过程、全天候的高铁驾驶安全风险防控体系。围绕磁悬浮列车新技术,建设引领行业发展的"高铁先进技术创新示范平台",面向高校、科研院所和企业,开放科研及教学仪器设备,开展技术服务。瞄准高铁维修体制向状态维修的转变,建设涵盖高铁动车组、机车、供电、通信信号、工务的"高铁智能运维技术创新平台",开展高铁运维大数据挖掘分析、设备故障预测、设备全寿命综合效益评价、修程修制优化等应用研究。

在打造技术技能创新服务平台的同时,还要以平台为依托,提升教师服务产业能力和学生创新能力。探索组建由行业领军人才、站段大师名匠领衔,专业群带头人、骨干教师、技术技能大师支撑的跨界混编"教师教学创新团队""科技创新示范团队",围绕高铁产业升级发展中科研成果进行转化与产业化,将铁路最新技术和创新案例引入课堂,既服务产业发展,又反哺教学。以企业生产中的创新性或应用性项目为载体,师生联合开展技术革新、工装改进等,在生产实践中培养和提升学生的创新能力。

深化体制改革是内在要求

面对人才培养和技术服务的新要求,"双高计划"学校应创新校企合作机制,优化和完善内部治理结构,激发外部活力和内生动力,形成服务产业转型升级的有效机制。

构建"产学研创"生态圈,形成校企命运共同体。一是组建"行业高端、科研高端、应用高端、教育高端"的股份制连锁型高铁国际职业教育集团,核心成员入股、非核心成员实行会员制入会,汇集整合国内外、校企科各种资源,形成跨境跨界职教共同体,实现资源的高效结合和叠加放大。二是充分利用铁路基层站段优质资源,建设紧密型产业学院,实行理事会制度,打造集人才培养、技术应用研发、创新孵化、标准研制、社会服务于一体的协同育人基地。三是充分考虑铁路专业投入高、涉及工种多、生产一线安全隐患大、上岗门槛高的实际,与合作企业共同打造"专、仿、实、真"一体化实践基地,校企共同成立管委会负责基地运营,建立共建、共管、共用的长效合作机制,形成实践创新共同体。

提升学校治理水平,激发办学活力。一是完善多元治理机制,在

"有效政府、有为学校、有能行业、有责企业"的"多中心"治理中找准定位,通过学校理事会、董事会集聚政行企科校力量,多维互融、多元协同共治。探索混合所有制办学,构建二级法人、项目法人治理结构,逐步提高行业企业参与办学程度,全面推行校企协同育人。以专业群组建二级学院或建立产业学院,提升与产业契合度,建立组织扁平化、资源集聚化的专业群可持续发展管理机制。二是加快实施"信息技术+管理"。以大学章程为核心健全完善制度体系,按照强化职业教育属性、体现办学特色修订学校章程,梳理健全规章制度,强化制度管理。加大数字化校园、智慧校园基础设施建设投入,建设全时全量数据中心,实施业务流程扁平化管理,打造一站式综合服务平台,建立全融合的学校治理生态体系。三是健全以办学质量与效益为主的绩效工资分配制度和激励机制,进一步激发二级学院的办学潜力和活力,从而进一步优化服务产业的环境。

（来源:《中国教育报》2019-09-03）

20.行业院校建高水平专业如何发力

张福成

随着我国政法改革进入深水区,政法队伍建设面临新的更大挑战,迫切需要大批政治过硬、业务过硬、责任过硬、纪律过硬、作风过硬的高素质技术技能人才。

政法类高职学校一肩挑着学生的青春梦想,一肩挑着政法事业的神圣职责,要坚持政治建校、从严治校,以培养"党和人民忠诚卫士"为首要政治任务,主动适应教育现代化发展要求,主动融入职业教育发展大潮,聚焦特色优势、聚力"双高计划",找准契合点、选好着力点,发挥铸警魂、育新人的重要作用。

坚持根植行业,着力强化人才培养新担当

政法类高职学校是现代职业教育体系不可或缺的组成部分,担负着为法治中国、平安中国建设培养基层一线高素质执法者、法律实务工作者和安防技术技能人才的重要责任。

学校要坚持服务政法事业,扎根行业办学,始终把眼光瞄准行业对人才的需要,强化学生执法勤务、法律服务、安保技能等职业能力的培养,把德育为先、能力为重、全面发展的理念贯穿于人才培养的全过程,提升人才培养水平和服务政法行业、法治事业、安防产业的能力。

要在总体国家安全观指导下,结合自身的办学特点,主动参与法治建设、平安建设等国家重大战略进程。加强东部对口西部、城市支援农村职业教育扶贫,服务乡村振兴战略,广泛开展面向边疆地区、贫困

地区的职业教育和职业培训,为精准扶贫提供有力支撑;紧紧抓住高职扩招百万的契机,扩大教育资源覆盖面,提升政法类高职学校对经济社会发展的贡献度。积极参与"一带一路"建设,以"中国—上海合作组织法律服务委员会交流合作基地"在浙江警官职业学院挂牌为契机,建设"一带一路"沿线国家安保职业人员培训中心,开展示范性法律服务和高水平职业培训,为"中国标准""中国方案"注入更加丰富的"警""法""安"职业教育元素。

推动内涵发展,着力优化专业建设新体系

政法类高职学校要以"双高计划"为引领,全面推行以行业需求为导向、实战实用、规模适度、开放合作的专业建设新体系,在专业设置上既有警察类专业,也有非警察类专业。

要坚持内涵发展,加强人才需求和规格标准的调查研究,优化专业结构,调整专业布局,强化"群"的作用,突出"课"的位置,健全课程、专业、专业群与行业产业发展的贯通融通机制,积极探索长学制培养高层次警务职业人才、法务职业人才和安防技术技能人才的新路径。要紧盯区域经济社会发展新变化、新趋势,对接安防产业,延伸与拓展安防服务、安防技术、信息安全技术等优势专业,形成服务产业发展、瞄准国际一流、引领职教未来的优势专业群。

同时,把最新的现代警务技术、法庭技术和安防产业的标准规范纳入教学标准和教学内容,建立一批紧密型、标准化、示范性实践教学和学生实习基地,探索教、学、练、战一体化人才培养模式和教师之间、教师与教官之间分工协作的模块化教学模式,构建实验、实训、实习和实战有机结合的实践教学体系,着力培养学生的警务实战能力。

拓展育训渠道,着力实现职业培训新作为

职业学历教育与职业培训并举是中国特色职业教育的基本特征,育训结合是中国特色职业教育的重要属性。

政法类高职学校承担着政法干警在职培训和法律从业人员、安防技术等职业培训的任务。要着眼于学历教育和职业培训互促并举,发挥自身优势,完善职业培训标准,规范培训管理,提高培训质量。

要对接政法队伍建设和行业产业发展需求,围绕特色优势专业(群)开展应用型、实用性职业培训,开发新的特色培训项目。

适应科技发展、新技术广泛运用的新形势,建设行业特色鲜明的应用型科研服务平台,以科研服务职业培训,形成以专业发展为引领、以科研服务为支撑、以实战基地为保障的政法类高职学校职业培训综合体系。

积极开展和探索政法类院校1+X证书制度改革,落实执法技能、警务技术和安防技术等职业技能等级标准,建立“大培训”工作格局。

深化统筹融合,着力开创合作交流新范式

从学校与行业企业合作的供需两侧看,政法类高职学校与政法机关已建立了国家层面的招录培养体制机制,统筹融合有了制度上的保障。

要充分借鉴现代学徒制的成功做法,构建与用人单位紧密型联合培养人才的新模式,把现场引入课堂,把课堂搬到现场。

建立完善教师定期到实战实务部门挂职锻炼制度,培养一批“警德高尚、能教善战”的双师型教学名师;探索建立全职教官制度,引进一批功勋卓著、技艺精湛的执法标兵、警界精英;探索实施服务行业“攀登

计划",组建团队联合攻关,产出更多对行业改革发展有重大影响的高水平技术技能服务成果;探索开展订单式合作培养新模式,定向招收企业优秀员工到学校进行学历教育或职业培训。

引进国际课程体系与职业标准,参与制订职业教育国际标准,推出一批具有国际影响的高质量专业标准、课程标准、教学资源,打造中国职业教育国际品牌。

(来源:《中国教育报》2019-09-17)

21. 深刻把握高职教育高质量发展内涵

王丹中

"推进高等职业教育高质量发展"是《国家职业教育改革实施方案》明确提出的重要任务。"双高计划"作为落实职业教育改革的"先手棋",将汇集高职战线的精锐之师,打造高质量发展的"第一梯队"。在规划"双高计划"建设蓝图时,高职学校应坚持质量导向,深刻把握"引领改革、支撑发展、中国特色、世界水平"的质量内涵,科学设计建设路径,精准指向引领高质量发展的核心目标。

以创新驱动高质量发展,承担"引领改革"的重任

"双高计划"既是高职教育改革步入深水区的攻坚之战,也是改革迈向升级版的开拓之举。一方面,经过国家示范性高职院校建设计划、高等职业教育创新发展行动计划等项目的深入建设,我国高职教育的发展理念、目标、模式、路径等均趋成熟,而制约高质量发展的瓶颈问题日益凸显,需要通过"双高计划"攻坚克难、清除顽疾。另一方面,"双高计划"的实施基于我国经济由高速增长阶段转向高质量发展阶段的时代背景,是新时代加快人力资源供给侧结构性改革的重要举措,这必然带来新的挑战,诸如 $1+X$ 证书制度试点、育训并举开放办学格局的建立等,都是在"双高计划"建设中需要深入探索的领域。

对于旧问题,要有新视角。如企业参与育人动力不足的根本性难题,除了体制机制的因素外,还要考虑企业自身的发展阶段、企业对合作利益诉求等因素。南京信息职业技术学院通过与行业大企名企共建产业学院和技术服务平台,既在专业建设上发挥行业领军企业技术

先进、资源丰富的优势,又通过技术服务汇集广大中小企业,为合作企业拓展下游客户,为人才培养提供岗位资源,从而构建优势互补、各尽所长、各取所需的校企合作良性生态。

对于新挑战,要能跳出旧框框。如 1＋X 证书制度的实施,就不能简单沿用原来"双证书"制度的做法。南京信息职业技术学院将在专业群设立 1＋X 证书中心,在参与标准制定、开发分级证书课程、建设相应的师资团队、面向社会开展证书培训、帮助学生获取多个职业技能等级证书等方面,系统开展工作。

以高效的服务供给,彰显"支撑发展"的价值

有效供给的增长是高质量发展的特征之一。高职教育提高有效供给的重点是提高人才培养和技术服务质量,关键在于专业群、课程和教师队伍。

专业群要面向高端产业和产业高端,契合产业的发展趋势和需求,让人才培养更有前瞻性和针对性。根据江苏打造"网络强省"和"制造强省"的需求,南京信息职业技术学院确定了通信技术专业群和电子产品质量检测专业群进行重点建设。前者培养信息通信技术复合型人才,为即将爆发的 5G 时代智慧产业提供支撑;后者培养"懂质量的制造人才"和"懂制造的质量管理人才",为信息制造业的提质增效提供支撑。

课程要强调先进性和有效性。先进性通过及时对接工作领域的发展得到保持,有效性则通过扎实推进"三教"改革得到提升。南京信息职业技术学院对课程提出了五个方面的要求,即触动心灵的价值引领、联动岗位的教学内容、行动导向的教学设计、互动互促的课堂生态、移动泛在的学习方式,将全面开展"动课工程",推动课程质量整体升级。

教师队伍是高职学校提高有效供给的基础，但也是短板所在，需要以课程改革为引擎，在机制完善、结构优化、组织变革和能力提升四个方面下功夫，推动跨专业教学团队建设和教学创新能力提高。

以鲜明的类型特色，诠释高质量发展的厚度

《国家职业教育改革实施方案》开宗明义，强调了职业教育作为类型教育的定位；"双高计划"提出到 2035 年要"形成中国特色职业教育发展模式"。

国家示范性高职院校建设计划实施以来，经过十余年的砥砺前行，高职教育已经初步形成了以产教融合为特色的办学理念，并且在办学模式、培养模式、课程开发、教学模式、实训条件建设、师资队伍建设、质量保障等方面，积淀了不少特色做法，产生了一批固化成果。但是从形成中国特色职业教育发展模式的要求来看，这些成果大多还只是停留于办学链条上的局部环节，成熟度、深广度、系统性、覆盖面等都还不足以支撑起职业教育作为一个类型的特色发展模式。

"双高计划"就是要推动已有改革基础的院校，以服务宗旨、就业导向、产教融合、校企合作、双元育人、工学结合、德技并修、育训并举、技术创新等为关键词，探索形成职业教育发展的整体逻辑和系统特征，犹如将散落的明珠穿成璀璨的珠链，做好各个环节的提优深化和补缺创新，形成融合协同的全套机制，使职业教育成为与普通教育区分明显、各有所长的教育类型。

以放眼世界的建设视野，实现高质量发展的高度

"双高计划"将建设高度定位于"世界水平"，到 2035 年的目标更是定位于"国际先进水平"。

我们要深刻认识到,"双高计划"中的国际化,并非简单的"引进来"与"走出去"。"世界水平"要体现在参与国际职业教育标准制定的话语权上,体现在对国际优质职教资源学习、借鉴、消化、创新的开放性上,体现在人才培养方案、课程体系、教学资源的国际通用性上,体现在专业群带头人的国际影响力上,体现在伴随企业"走出去"的人才供给和技术服务能力上。

对此,南京信息职业技术学院将进一步做强"阿斯大学南信中邮建学院",使之成为中国电子、通信企业在非洲项目的本土化人才供给基地;联合行业内领军企业和国内外信息类职业教育名校,组建"信息通信技术职业教育国际联盟",推动相关专业标准、课程标准和教学资源的交流学习和共建共享;组建"电子信息涉外技术服务中心",为区域中小企业在欧盟和东盟的工程项目提供技术服务。以世界眼光、国际高度来推进学校的人才培养和技术服务。

(来源:《中国教育报》2019-09-24)

22.打造高职军民融合教育标准与范式

马东霄

军民融合发展是富国强军的重大战略。中共中央、国务院、中央军委《关于经济建设和国防建设融合发展的意见》指出,要在人才培养和科技创新领域强力推进高等教育军民融合深入发展;《国家职业教育改革实施方案》明确,要完善现代职业教育体系服务军民融合发展。高职学校正成为军民融合发展战略实施的一支中坚力量。邢台职业技术学院把军民融合作为重要办学特色,在"双高计划"方案中提出"成为服务军民融合国家战略的高职品牌"的建设目标,着力打造军民两用人才高质量培养、高质量就业的高职军民融合教育标准和范式。

瞄准两用人才,提高专业与军民融合产业契合度

大力发展军民融合产业是实施军民融合发展战略的重要抓手,具备军民两用技术的高素质技术技能人才是支撑军民融合产业高质量发展的关键要素。

瞄准军地人才公需领域,培养军民两用技术技能人才,是高职学校服务军民融合发展的重要路径。高职学校应对接军民融合产业人才需求,开发军民两用技术相关专业,形成培养培训军民两用技术技能人才的沃土。

对接京津冀军民两用装备、军旅服装、军用民用无人机等军民融合产业,邢台职业技术学院做优做强军工设备维护维修、特种车辆改装、军旅户外设备、智能传感器等军民融合专业,在河北省军民融合发展委员会、省市军分区和退役军人事务部门的指导下,联合企业成立

跨专业教学组织——军民融合学院,建立"军融学院统筹＋教学院系培养＋军融企业学堂"运行机制,为区域军民融合产业发展提供有力的人才支撑。

开发育训体系,服务军地劳动力学历与技能提升

开展退役军人、农民工等军地劳动力教育培训,是稳定和扩大就业、助力人口红利转向人才红利的重要任务,也是高职学校服务军民融合战略的重要路径。

2019年3月,政府工作报告提出"改革完善高职院校考试招生办法,鼓励更多应届高中毕业生和退役军人、下岗职工、农民工等报考,今年大规模扩招100万人"。如何吸引退役军人等军地劳动力入学、满足其多元化教育培训需求,是高职学校实现高质量扩招需解决的现实难题。

高职学校应为退役军人、农民工等提供灵活多样的学历与技能提升路径,探索创新"学历证书＋若干职业技能等级证书"(1＋X证书)培养模式,借助信息技术手段,开发线上线下特色专业课程和教学资源,形成军民融合1＋X育训体系。我校计划将学历教育与X证书培训灵活组合,以退役军人作为试点,逐步推广到其他新增劳动力,构建三种育训结合培养模式:

一是先入学,再培训,按入学方式不同,采取从军队到军企的现代学徒制和非全日制的选课制两种培养途径。二是退役军人先接受培训,学校利用学分认定政策吸引其入学,入学后采用非全日制选课制学习方式。三是退役军人先自选培训,进入学分银行积累学分,实行弹性学制累计学分获取毕业证书。同时,依托退役军人教育培训基地,主动服务退役军人再社会化,通过培训基地和创业空间的建设,提供技能培训、创业项目、信息服务,促进退役军人就业创业。

建设产教平台,促进军民两用技术创新转化

军民两用技术技能创新服务是高水平高职学校服务军民融合战略的关键举措。军民两用技术的双向溢出和技术成果的双向转移,能够推进军民融合产业链的衍生和升级。然而,军民两用技术应用转化平台不足已成为制约军民两用技术融合的瓶颈。

"双高计划"提出打造高水平技术技能创新服务平台,建设兼具科技攻关、智库咨询、英才培养、创新创业功能、体现学校特色的产教融合平台,为高职学校更好地服务军民融合战略提供了政策指导。

面向河北省五大军民融合产业发展区,邢台职业技术学院将建设军民融合产教综合体,覆盖特种车辆、特种服装、军民两用微器件、核心传感器、无人机等五大产业领域,推进"政—军—产—学—研—用"六个层面深度融合,培育一批军民两用技术技能人才、研发转化一批军民两用技术、孵化一批军民融合创业项目、培训一批退役军人再就业,引领京津冀高职学校军民两用技术应用创新与服务,扛起军民融合战略的使命担当。

创新动力机制,共建军民校企命运共同体

建设军民融合特色的职业教育集团(联盟),激发多元主体合作动力,是高职学校服务军民融合战略必须研究解决的关键问题。以职教集团(联盟)带动军民融合型企业,兴办军民融合特色职业培训,协同创新军民两用技术和标准,是高职学校服务军民融合战略的有效途径。

邢台职业技术学院将积极发起成立军民融合职业教育产学研协同发展联盟,引进第三方托管机构,设计清晰合理的收益分配机制,科学引入高价值合作项目提高实体化运营,推动联盟成员合作共赢,共

建军民校企命运共同体。

　　高水平高职学校服务军民融合战略,需要以培养技术技能人才支撑为核心,以退役军人就业创业服务为重点,以军民两用技术技能创新服务为制高点,打通军民领域创新链与人才链、信息链与技术链要素通道,实现军民、产教双向深度融合,促进提高经济建设和国防建设融合发展水平。

（来源:《中国教育报》2019-10-15）

23. 扎根边疆大地，建设技能人才高地

李京田

职业教育密切关联区域社会治理、文化教育、人力资源开发、科技创新和产业发展，特别是在边疆地区和深度贫困地区，职业教育在乡村振兴战略实施，在社会治理、促进就业、精准脱贫、新型职业农牧民培训和富余劳动力转移等方面有着不可替代的重要作用。

新疆农业职业技术学院在"双高计划"引领下，把培养爱国爱疆、担当奉献的技术技能人才作为时代使命，把办好职业教育作为维护新疆社会稳定和长治久安的责任担当，找准自身发展定位，持续深化改革，强化内涵建设，努力成为边疆离不开的高水平高职学校。

区域社会的"稳定器"

就业关系国计民生和社会稳定。"双高计划"致力于打造区域高水平人才培养培训基地，围绕区域产业转型升级，培养产业急需的高端技术技能人才，实现高质量就业；通过高水平培训实现城乡富余劳动力转移就业，促进社会公平、维护社会稳定。

新疆农业职业技术学院创新"M＋1＋N"职业教育支援模式，其中的"M"，是以国家示范校等内地的优质高职学校为依托，"1"则是以新疆农业职业技术学院为纽带，"N"是指辐射带动南疆多所中职院校，促进南疆职业教育快速发展，提高当地职业教育培养的技术技能人才就业创业水平。

边疆少数民族地区的职业教育需要发挥"兜底"功能，让未升学的初中毕业生都能接受职业教育，让广大少数民族青少年在职业学校健

康生活学习,走出校门直接就业,阻断"三股势力""宗教极端"等的侵蚀影响,以社会主义核心价值观武装学生头脑,培养爱党爱国社会主义新青年。

新疆农业职业技术学院深化少数民族学生人才培养改革,完善思想政治教育培养体系,强化国家通用语言学习应用,提高少数民族学生专业技术技能水平,通过"就业一人,脱贫一户"服务南疆四地州脱贫攻坚,为促进边疆民族地区经济发展提供人才支撑。

区域产业升级的"发动机"

新疆农业职业技术学院提升产教融合引擎动力。精准对接区域支柱产业全产业链,与行业标杆骨干企业合作,瞄准产业关键核心技术发展,结合区域生产特点,校企共建协同创新服务平台,有效构建产教融合跨域治理体系,与区域产业发展同向同步同行。搭建产教融合创新服务平台,充分发挥实用技术攻关、智库咨询、英才培养、创新创业等功能,为区域产业发展增强核心竞争力提供有力支撑。

学院加大校企合作油门。以产业需求侧为主导,按照市场规则深化二级学院混合所有制、股份制等融合发展运行体制创新,聚集行业企业专家、大师名匠,校企共建大师工作室和研究中心,开展高水平现代学徒制试点。建设高水平产业学院,打造利益共享紧密型的职业教育集团化办学 2.0 版,创新实体化运行机制。通过提供"对路"人才、"对口"服务,为校企共建共赢提供持久动力。

区域经济发展的"能源库"

新疆农业职业技术学院服务新疆农业"稳粮棉、强林果、促畜牧、兴特色"的产业发展思路,重点建设与现代种植业、现代畜牧业产业链高度吻合的特色专业群,为新疆脱贫攻坚、乡村振兴提供人才支撑。

在自治区农业农村厅指导下,学院组建"新疆农民大学",围绕南北疆农业农村重点产业核心技术推广和各级培训,制订技术标准、培训计划,构建覆盖全疆的新型职业农民培训体系,为农牧民以及农业龙头企业负责人、农业职业经理人、青年农场主等"十大带头人"提供精准培训,为区域经济社会提供源源不断的高端技术技能人才支撑。

学院创新产教融合服务平台运行管理机制,创建"产业发展中心",整合政、校、企创新服务资源,对接高端产业和产业高端开展应用技术研发,市场化推动成果转化。与行业密切合作,创建"产业职业培训学院",主动承接行业职业培训任务,研制各级培训标准、培训教材,利用集团化办学模式,构建"地区、县、乡、村"四级培训网络体系,向全社会提供优质培训服务。

学院还发挥丝绸之路经济带核心区"桥头堡"的区位优势,组建"亚欧现代农业发展中心",加强农业新技术开发和技术成果推广转化,服务涉农企业技术革新、产品升级和"走出去"。

（来源:《中国教育报》2019-10-22）

24. "双高计划"的现在与未来

10 月 25 日,全社会特别是高职战线企盼多年的重点建设项目——"双高计划"终于落地。它对于我国高职教育意味着什么?未来,高职学校又该如何走出属于自己的道路?对此,记者专访了"双高计划"建设咨询委员会主任委员黄达人。

对高职院校是"久旱逢甘露"

记者:作为"双高计划"遴选工作的参与者,请您谈谈这个重点项目的落地,对于我国高职教育有着怎样的意义?

黄达人:政策引领与基层实践同样重要。这段时间,我看到了高职学校的改革探索始终没有停息,这是非常难能可贵的,但是高职教育往哪个方向发展,国家需要以项目引领的方式予以明确。此次"双高计划"出台,借鉴了高校"双一流"建设,在职业教育领域统一质量标准,在国家层面重点支持一批高水平院校和高水平专业群,中央财政给予支持,引导地方加强投入,以点带面,引领新一轮改革建设,将会进一步带动提高中国高职教育的整体水平。

记者:对于高职院校来说,"双高计划"有着怎样的利好?

黄达人:毫无疑问,"双高计划"对于高职学校的意义重大。对于普通高校而言,自 20 世纪 80 年代就有重点学科建设、"211"工程、"985"工程、"双一流"建设等一系列高强度重点建设项目的投入。但是对于高职学校来说,在此之前只有 2006 年由教育部、财政部联合实施的国家高职示范(骨干)校项目。从实施效果来看,该项目很好地拉动了地方对高职教育进行投入,调动了高职学校改革建设的动力,提升了一批高职学校的办学水平,提高了高职教育的社会影响力。

在高职示范(骨干)校项目结束后,国家在较长一段时间内没有新的专项投入,对于高职教育引导激励的力度在减弱。职业教育的重要性已经无须多言,对此很多人也呼吁,要把它落实到行动上,除了实现生均拨款外,国家还要有与"双一流"建设相匹配的财政投入。此次"双高计划"落地,可以说是"久旱逢甘露",既落实了《国家教育事业发展"十三五"规划》提出的"积极探索不同类型、不同层次高等学校的一流建设之路"的要求,也充分体现了《国家职业教育改革实施方案》中"职业教育与普通教育是两种不同教育类型,具有同等重要地位"的重要设计。

更值得注意的是,对于高职教育强有力的投入有利于高职学校立足定位、办出特色。一直以来,高职学校追求"升格",与缺少强有力的资源投入是分不开的。回顾历史,示范(骨干)校建设期间,也是高职学校发展较为稳定的时期。此次"双高计划"在财政投入模式上有几个新的变化:一是长周期,五年的建设周期有利于持续跟踪办学质量和人才的培养质量。二是分阶段,通过设计中期和远期目标,持续建设到 2035 年,有利于引导学校树立较为长远的发展目标。三是大投入,每一年中央财政的奖补支持 20 亿元左右,其力度相当于示范校、骨干校一轮建设的投入。相信通过国家层面强有力的财政投入,将会引导高职学校立足办学定位、专注内涵发展、办出特色,真正实现"百花齐放"。

更强调建设而非"身份"

记者:"双高计划"的遴选工作有何特点?

黄达人:"双高计划"的遴选体现了"扶优扶强"的原则,同时也兼顾了区域和产业布局。可以说,遴选标准突出质量和公平。在遴选标准的制定上强调以质量为先,突出就业率高、毕业生水平高、社会支持度高,注重校企结合好、实训开展好、"三教"质量好的高职学校和专业(群)。整个设计还特别看重地方对国家职业教育改革的响应程度。

根据这些标准,遴选出来的学校和专业布局也比较合理。从学校布局看,公示的 197 所学校覆盖了 29 个省份,既体现了质量,也兼顾了均衡。从专业布局看,253 个专业群覆盖高职 19 个专业大类中的 18 个,靠前的专业大类分别是装备制造大类、交通运输大类、电子信息大类、财经商贸大类、农林牧渔大类,既体现了全面,也兼顾了重点。

同时,遴选过程突出客观性。专委会通过对遴选标准赋分的方式进行评审。在评审前,专委会召开全体会议,审议通过遴选指标和权重。遴选指标主要分为"专项"和"方案"两部分,既看过去,也看未来。"专项"部分为定量指标,由学校相关基础数据形成计分依据。"方案"为半定量指标,由专家对高职学校申报的建设方案进行打分,形成计分依据。在评审过程中,全体专家参与全部学校的打分,计算机全程记录评审过程、自动计分排序、形成遴选名单。指标赋分的评审方式更加注重过程的客观、公正,且此次列入遴选标准的标志性成果指标均是业界较为认可的。从遴选结果来看,与专家们印象中的好学校是比较吻合的。在入选的高水平学校建设单位中,我去过的大概有一半,与我以往对这些高职的印象也基本一致。

此外,遴选更加强调建设而非"身份"。"双高计划"的遴选只是第一步,要实现"引领改革、支撑发展、中国特色、世界水平",关键还在于建设。这也充分体现了职业教育的特征——"产教融合"。由于行业、产业和区域间的差异,高水平职业学校建设没有一个放之四海而皆准的标准,服务行业、产业和区域水平的高低,决定了高职学校的地位,这是中国特色高水平职业学校建设的特殊规律。在遴选过程中对学校建设方案的重视,也有基于此的考虑;未来在进行考核与评价时,也会对照建设方案,将建设过程与建设方案联系起来。

高职学校值得考虑的三件事

记者:参与"双高计划"的遴选工作,你有什么感受?

黄达人:"双高计划"的遴选考验了方方面面的智慧,取得了广泛共识,可以说是比较科学合理的。如果说还有什么遗憾,我认为,均衡性的体现还是不够。高职学校作为培养高素质技术技能人才的主体,与经济社会联系最紧密、服务产业发展最直接,在未来的建设中应该更多地重视行业平衡和地域平衡。

一方面,没有重点就没有政策导向。此次之所以遴选出一批基础好、够水平、有特色的学校和与国家战略紧密相关的专业群率先发展,目的就是加强高职教育的政策引导。高职学校需要思考,如何建立面向某个具体行业或产业的综合创新平台,提高服务的能力。

另一方面,重点建设的最终目标是整体发展,这就需要在完善多元投入上下功夫。在坚持中央财政现行支持的政策框架下,继续呼吁中央财政加大支持力度,让更多的高水平学校和高水平专业群能够得到中央财政的支持引导,也可以尽量淡化评议成绩次序。同时,积极引导地方启动省域高水平高职学校和专业群建设,提高建设的覆盖面。

记者:此项计划的落地,为高职学校指出了怎样的道路?

黄达人:对于高职学校而言,也有三件事值得考虑:一是聚集有限资源,打造办学特色。二是随着《国家产教融合建设试点实施方案》发布,在建设产教融合型城市、产教融合型行业、产教融合型企业过程中,高职学校要主动作为。三是建立健全现代职业教育与培训体系,高职学校还大有可为。

可以说,"双高计划"目标是高等职业教育的整体发展,只有整体发展了才能真正满足国家与社会发展的需要。同样的,中国高等教育发展到今天,要想实现高等教育强国的目标,也一定是高等教育体系的强大,不同类型的高校都得到发展和壮大。

（来源:《光明日报》2019-10-26）

25.“双高计划”:追求高质量发展 引领职业 教育改革创新

邢 晖

新时代,我国经济由高速增长转向高质量发展阶段,工业化、信息化、市场化、城镇化、国际化进程加速,对职业教育高质量发展的要求更迫切更紧要。“没有职业教育现代化就没有教育现代化”,《国家职业教育改革实施方案》(简称“职教 20 条”)提出,“启动实施中国特色高水平高等职业学校和专业建设计划”(简称“双高计划”),这是新时代赋予高职教育的新使命,也是继示范校、骨干校、优质校之后国家支持高职教育内涵发展的又一重大举措。目前,“双高计划”的顶层设计和总体规划已然形成,197 家首轮建设单位已浮出水面,笔者认为,下一步重在建设方案,实在行动逻辑,贵在职教特色,难在革故鼎新,亮在引领示范。简言之,“双高计划”高质量发展是核心追求,深化改革是主要担当,协同推进是必要生态。

“双高计划”扬帆高质量发展

引领新时代职业教育实现高质量发展是“双高计划”的主旋律。质量“高”在哪里?笔者认为,一是高标准定位。“双高计划”建设单位要先强自身,有效服务国家重大战略,密切融入区域经济社会,精准对接高端产业和产业高端,支撑重点、支柱、紧缺、特色产业发展,为经济增值,为学生赋能,彰显职业教育的经济属性和社会属性;还要发挥领头雁作用,创造能复制、可借鉴的改革经验和模式,引领职业教育接续改革创新,完善职业教育和培训体系,深化产教融合校企合作,探索职业教育现代化发展路径,真正做到"当地离不开,业内都认同,国际可交流"。二是高水平设计。"双高计划"建设单位公布后,建设方案要进行必要的调整完善,进一步准确理解"双高计划"的立意和内涵,明晰规划与实施的目标、内容、路径、策略,按照"两步走"的部署梯次递进,体现新理念、新思路、新举措、新抓手、新模式、新突破。完善后的建设方案,改革发展任务应更具体更落地、更有逻辑更有力度。三是高效率实施。"双高计划"是荣誉,改革任务是重担。如何加强党的建设?如何打造技术技能人才培养高地和创新服务平台、高水平专业群和双师队伍?如何提升校企合作水平、服务发展水平、学校治理水平、信息化水平和国际化水平?篇篇大文章,盘盘活棋路。其中涉及的教育价值和产业逻辑、学校诉求和企业需要、解构和重构、继承和创新、现实和理想,在建设与实施过程中,高水准、高效率应是题中要义。四是高效能产出。项目是载体,投入需产出,结果看绩效。学校办学定位、专业群建设目标与经济社会需求之间的高符合度,人才培养、技术研发、社会服务、文化传承对国家和区域的高支撑度,培养方案、教学运行、培养质量与"三全"质量管理的高契合度,师资队伍、设备设施、实践基地、教学资源等供给的高保障度,学生、用人单位、政府对教育教学质量的高满意度,业内、社会、国内、国际的高知名度,产教融合、校企合作、人才培养与培训模式、"双师型"教师队伍、1+X证书制度、职业培训与技术技能积累等职业教育类型的高辨识度,创建新时代"中国特色、世界水平"的职教品牌,"双高计划"建设单位责无旁贷。五是高质量发展。职业教育"由追求规模扩张向提高质量转变"是新时代的呼唤,尤其是今年高职有质量的扩招 100 万人,对高职学校来说更是重大的考验,要求量变和质变"双变并举",校招、社招的规模更大,中、高、本贯通发展的体系更全,专业课程教师的结构更优,校企合作、综合治理的机制更活,对外交流、多元合作共同体的构建更开放。实现高质量发展,必须"形成一批有效支撑职业教育高质量发展的政策、制度、标准","双高计划"建设单位要大胆探索、深化改革、创新发展。

"双高计划"领航改革创新发展

"双高计划"主题是高质量发展，主调是引领改革和创新。"职教20条"奠定了办好新时代职业教育的顶层设计和施工蓝图，"双高计划"是落实"职教20条"的重要举措和职业教育"下好一盘大棋"的重要支柱，关系到我国职业教育往何处走、办成什么样、发挥什么作用的大问题。站在新起点上，笔者认为，"双高计划"舞动改革龙头，一方面应该按照总体要求，聚焦"一加强""四打造""五提升"十项改革发展任务，全面深化教育教学改革，创新驱动高质量发展；另一方面，在全面落实改革发展任务的同时，还要注意把握好以下几项重点，搞清弄懂改革内涵，将改革任务落实到位，努力打造特色品牌，推动可持续发展。

人才培养高地是办学关键。评价一所高职学校办得好不好，关键是看人才培养的质量高不高。笔者认为，打造技术技能人才培养高地，要在以下几方面下功夫。要深化产教融合、校企合作、工学结合、知行合一，改革人才培养培训模式，把劳模精神和工匠精神融入教学；要推进"三教"改革，探索教师分工协作的模块化教学，开发使用校企"双元"教材、新型活页式教材、工作手册式教材，推动课堂革命；要开展"学历证书＋若干职业技能等级证书"制度试点，将职业技能等级证书培训内容及要求有机融入人才培养方案；要结合当地自然条件、经济状况和文化积淀，探索体现实效的劳动教育实施路径，以劳树德、以劳增智、以劳强体、以劳育美。

创新服务平台是补齐短板。技术创新和服务能力是高职学校的核心竞争力，但目前高职学校技术创新能力普遍较弱，因此"双高计划"把打造人才培养高地和创新服务平台并列为两大支点，就是要引导高职学校补齐短板。笔者认为,打造创新服务平台,要抓好三个融入,即融入产业发展、融入行业企业发展、融入人才培养过程,以创新型人才培养为目标,以技术技能积累为纽带,以体制机制创新为重点,搭平台、建机制、定制度,一系列举措相互配套,确保人才培养、团队建设、技术服务有机结合、协同推进、整体提升,实现"教学出题目、科研做文章、成果进课堂"。

高水平专业群是特色体现。要把专业群建设上升到质量发展、特色发展和品牌发展的战略高度,把专业群作为专业结构优化的重要抓手、资源共建共享的重要载体、服务灵活有效的重要途径、内部治理重构的重要机遇,通过专业群建设引导学校准确定位,凝聚办学特色,形成具有显著辨识度和影响力的形象品牌。笔者认为,打造高水平专业群要把握好"三个高"特征。对接产业吻合度高,要围绕区域支柱产业和新兴产业,聚焦服务面向,优化资源配置,动态调整专业方向,推动教育链、人才链和产业链、创新链有机衔接;资源整合共享度高,要有机整合课程、教师与实训实习等教学资源,实现资源整合和资源共享最大化,充分发挥集群效应,形成人才培养合力;人才培养产出度高,要培养一大批大国工匠和能工巧匠,形成具有国际竞争力的人才培养高地,为中国产业走向全球产业中高端提供高素质技术技能人才支撑。

"三教"改革是提质手段。"三教"改革,教师是关键,要瞄准学校教师队伍建设的实际问题,加快人事制度改革,将政策引导与制度保障结合好,激发广大教师主动参与"三教"改革的积极性。要加强课程与教材建设,及时将新技术、新工艺、新规范等产业先进元素纳入教学标准和教学内容,倡导新型活页式、工作手册式教材并配套信息化资源,确保教学内容体现主流技术。要推广混合式教学、理实一体教学、模块化教学等新型教学模式,推广实时互动、翻转课堂、移动学习等信息化教学模式,推动教育理念更新和模式变革,构建以学习者为中心的全新教育生态。

最后,"双高计划"建设需要建立协同推进机制。国家、地方和学校要同频共振,各级相关部门要加强政策支持和经费保障,加强项目实施管理,健全多元投入机制,优化改革发展环境,动员各方力量支持项目建设。学校与政府、学校与行业或企业、项目单位之间也要凝心聚力,构建协同推进项目建设的良好生态。"双高计划"项目建设单位也要起到引领带动和辐射的作用,增强利益相关者的"获得感",形成"双高计划"建设引领区域高职学校协调发展的格局。

"双高计划"建设,新业新担当,唯有改革创新方能高质量发展,唯有协同聚力才能登高致远。

(来源:中国教育新闻网,2019-10-24)

26."双高计划"绩效评价要处理好五对关系

金　琰

"双高计划"是推进新时代高职教育高质量发展的重要举措。绩效管理是落实全面推行绩效预算管理,保障"双高计划"顺利开展的具体措施。4 月 22 日,教育部、财政部联合启动"双高计划"中期绩效评价工作。按照要求,此次评价采取以学校自评为基础、省级评价为重点、"两部"评价为引导,自下而上、上下结合的方式。准确把握"双高计划"建设的价值导向,科学处理绩效评价中的五对重要关系,是做好此次中期绩效评价工作的前提。

一是要处理好"点"和"面"的关系,既要聚焦"双高计划"建设任务,还要统筹推进学校"十四五"发展规划。2019 年,《教育部　财政部关于实施中国特色高水平高职学校和专业建设计划的意见》提出打造技术技能人才培养高地、打造技术技能创新服务平台、打造高水平专业群等十大改革任务,这是贯穿"双高计划"始终的基本纲领,也是学校制定建设方案、确定绩效目标和开展中期绩效评价的基本遵循。应该说,这十项任务与学校的整体长远发展规划既密切相关又有所差异,一方面,这些任务目标涉及学校改革发展的许多方面,与学校的"十四五"发展规划在重点项目和建设周期上有很多重叠,需要学校统筹资源、整体推进;另一方面,"双高计划"强调"引领改革、支撑发展、中国特色、世界水平",更加突出引领性、示范性,要求体现"高""强""特",不能完全等同于学校的整体事业规划。因此,在中期绩效评价中,要处理好两者的关系,重点聚焦十大任务的完成度和效果评价,并将其作为统筹推进学校"十四五"规划的抓手,但不能把学校的所有工作和成果都装进"双高计划"这个"框",将绩效评价"泛化"为学校"十四五"规划的阶段性总结。

二是要处理好"近"与"远"的关系,当下着眼中期绩效目标完成,长远着力学校特色品牌打造。绩效目标是"双高计划"在实施期内预期达到的产出和效果。科学的绩效管理,是依据设定的绩效目标实施过程监控,开展绩效评价并加强评价结果应用的管理过程。其中,"完成任务、兑现承诺"是"主线",也是"底线",在评价过程中,首先是把相关任务的完成程度、努力程度充分体现出来。与此同时,"双高计划"的核心价值是引领改革、支撑发展,是"职业教育下好一盘大棋"的"先手棋",不仅仅是一个学校的事,也不仅仅是一个省的事,而是全国职教战线的事,标识着中国职业教育深化改革的方向,决定着中国职业教育向世界职业教育能够贡献的力量。因此,中期绩效评价工作绝不能仅仅停留在"完成任务绩效目标"的层面上,要避免"就事论事"的"唯指标"思维,以评促建、以评促改,把评价总结作为激发长远思考的动力,加快形成学校的核心竞争力和差异化优势,推动学校坚守特色定位、回归发展初心、彰显具有"不可替代性"的特色品牌。

三是要处理好"表"与"里"的关系,既要认真做好中期评价总结提炼,更要表里如一、不务虚声,体现真干实效。实事求是是中期绩效评价的基本原则。各建设单位对照建设任务书和绩效目标,梳理工作成果,总结提炼经验,诊断反思问题,及时调整方向,其本质是对实干、实绩的再深化、再提高。"平时练好兵,才能打硬仗",这也是"双高计划"建设单位应该具备的能力。因此,不能光靠材料堆砌、美化包装,而要看真抓实干、笃行不辍带来的成果成效,看日积月累的影响力和口碑美誉。各建设单位不能本末倒置,将总结提炼工作异化为"临时抱佛脚,关门整材料",更要杜绝脱离实际、华而不实、一味拔高提升的形式主义。总结提炼一定要坚持"干得好,才能写得好",要做到功夫在平时,水到渠自成。各省在开展评价的过程中,也要重在考察评价学校常态化的制度机制与成果成效,要求真务实,不看表面功夫。

四要处理好"纵"与"横"的关系,既要纵向观测自我增长,还要横向比较寸长尺短,精准定位、明晰方向。"双高计划"建设单位发展基础不同、学校定位不同、优势专业不同,围绕十大任务制定的绩效指标也有所差异。因此在评价的过程中,要注意处理好纵向"和自己比"和横向"和别人比"的关系。"和自己比"就是要对照发展基础和自己设定的目标,看看取得了哪些进步、实现了多少增长、取得了什么成效。"和别人比"就是要在更大的范围里,对照同类型学校、同类或相近专业群,看看自己处于什么水平,排在哪个梯队,距离标杆还有多少差距。通过纵向、横向的对标对表,客观研判、全面评价,这对于学校找准自己的位置,更加精准地推动学校改革具有重要的现实意义。

五要处理好"内"与"外"的关系,既要强化内部自律性,培育学校质量文化,还要强调外部他律性,通过管理指导及时纠偏。中期绩效评价工作包括建设单位自评、省级评价和两部评价三个阶段。在学校自评层面,要充分发挥学校主体作用,解剖自我,找准差距,强化自律,不能讳疾忌医,要把握好中期绩效评价这个契机,及时查摆诊断问题。如果为了通过评价,回避规避问题,甚至玩"猫捉老鼠"的游戏,就偏离了中期绩效评价的目的,也错过了这个及时纠偏的机会。在省级和两部评价层面,更要发挥好服务和约束的他律职能,一方面提供指导和支持,帮助学校找准问题、解决问题,另一方面加大监督,及时提醒,完善激励约束相容的机制,敦促学校有效整改,完成任务。

绩效评价是项系统工程,需要自下而上,上下结合整体推进,处理好以上五对关系不仅是更好地完成本次中期绩效评价工作,更是为优化"双高计划"建设机制和绩效管理制度做出积极的探索。要站位在深化职业教育评价改革的高度上,做好"双高计划"中期绩效评价工作,为构建高质量职业教育体系提供方向引导和动力引擎。

（来源:《人民政协报》2022-05-06）

27. 也谈"双高计划"中期绩效评价中要处理好的五对关系

王丹中

4 月 22 日,教育部、财政部联合启动"双高计划"中期绩效评价工作。要想把考核评价工作做好,需要考核评价的相关者,包括评价组织者、被评价者、专家等都能形成共识,而形成共识的最好途径无疑是探讨和交流。作为基层高校的管理者和此次绩效评价的被考核者,也想从被考核的视角,谈谈此次绩效评价中需要把握的五对关系。

一要处理好"总"和"分"的关系,既要看重总体目标达成度,也要尊重中期目标完成度。双高计划建设方案和任务书均经过学校论证、省厅审核、两部备案,相当于学校和中央、地方签的"合同"。建设方案和任务书所明确的 5 年总目标和年度分目标,既是施工图,也是进度表。是否能保质保量如期达到截至 2021 年底的预期目标,是对前 3 年建设的大阅兵、大检验,虽然受到疫情等不可抗力影响,各校理应克服困难尽全力完成。同时,整体进度不等同于每一项任务齐头并进,有的先快后慢,可以提前完成或超额完成,有的先慢后快,可能在预定时间节点达不到预期目标,不同任务建设经费的使用节奏也存在快慢的问题,对每个具体任务目标的完成度、经费使用的评价,可能要分类考虑。特别是经费使用,要参考各学校预算规划和投入节奏,不宜简单以五年期总预期目标的 60% 一刀切。因此,我们理解"建设进展缓慢,整体进度达不到预期目标的 60%"中的"整体进度"就是指截至 2021 年底的前三年进度,"预期目标"就是指截至 2021 年底的前三年预期目标。

二要处理好"质"和"量"的关系,既要进行定性评价,也要重视定量分析。定性评价和定量评价作为评价方法各有优势、也各有不足,对一项具体任务的绩效评价应该结合起来使用。如果绩效评价偏重定性，缺少数量支撑，可能会造成这项任务只注重文字提炼，不注重实际绩效，一方面被评价者在自评的时候可能对还在做、未做成的事情给予不符合实际情况评价，另一方面，评价者的主观因素对评价结论影响较大。但是如果绩效评价只偏重数量，缺少定性分析，可能会造成这项任务只追求数量上的达标，不注重内涵层面的系统性优化，难以产出有引领性、示范性的成果。

三要处理好"制"和"器"的有关系，既要形成适合自身的制度和模式，也要注重是否具有示范性和推广性。"双高计划"学校和专业建设，不只是为了提高建设学校和专业的水平，更是为了所有高职学校提供可复制的可推广的标杆和示范。因此，中期评价所反映的绩效，不能只看是否打造了一种校本模式、形成了一种校本案例，还要看是否在实践基础上构建了利于高职教育改革推进的全要素体系、形成了一套制度标准，为一校之"盆景"成为多校之"风景"提供可能，这也是每一个双高学校支撑发展、引领改革的应有之义。

四要处理好"实"和"理"的关系，既要具有实践意义，也要具有理论和学术价值。"双高计划"学校和专业建设的绩效评价，不仅囿于学校对照建设任务和中期评价要求取得的实际成效、先进成果，还要评价学校是否能基于"源于实践、高于实践、引导实践"的理念，对工作实践凝练出理性思考和学术思想。评价一项任务的绩效除了实践成果，还可评价制度成果和学术成果，这样的绩效可能更系统、更完整。

五要处理好"常"与"变"的关系，既要实现共性的改革任务目标，也要体现学校因地制宜的创新个性。"双高计划"学校和专业建设十大改革任务，是"引领改革、支撑发展、中国特色、世界水平"建设目标确立的基本框架，围绕其建设形成的中期绩效，是"双高计划"学校和专业建设的"常"，体现学校高水平建设的规律性、共性。学校基于自身区域环境、产业环境、政策环境，在建设路径、方式、内涵等方面进行个性化选择所取得的绩效,是"双高计划"学校和专业建设的"变",体现的是学校高水平建设的特色性。在中期绩效评价中,既要考虑"双高计划"学校和专业建设"常"的绩效,又要充分关注学校在建设中因地制宜、与时俱进地创新。这些"变"的绩效可能在建设任务书预设的绩效之外,中期评价中对其给予充分关注和肯定,也许更能激励学校特色化发展、激发内生动力。

对学校而言,本次中期绩效评价是一次以评促改、自我提升难得的机遇。我们将充分利用这次机会,在全面复盘、精心总结、深刻提炼做好自评基础上,虚心接受评价专家的诊断把脉,认真研究补短找差、学优强特,为跑好"双高计划"学校和专业建设"后半程"奠定坚实基础。

(来源:《人民政协报》2022-05-13)